3차 개정판

어린이

훈민정음

띄어쓰기

원고지 사용법

맞춤법 발음

어휘력은 모든 학습의 뿌리

기초 문법

6-2

책을 펴내며

언어는 의사소통은 물론이고, 자신의 생각을 표현하는 데 꼭 필요한 수단입니다. 이런 언어의 기본 단위가 바로 어휘입니다. 따라서 어휘력의 양적, 질적 향상은 매우 중요하다고 하겠습니다. 특히 학습 과정에 있는 학생들에게 있어 어휘력은 학습의 성패를 좌우할 만큼 중요한 요소입니다. 모든 교과 학습은 물론, 그 결과를 묻는 시험이 언어를 통해 이루어지기 때문입니다. 그러므로 어휘력은 단순히 국어 공부의 한 부분이 아니라, 모든 학습의 기본이자 필수 항목인 것입니다.

국어에는 총 50만 개가 넘는 어휘가 있고, 사회가 발전함에 따라 어휘는 생성과 소멸을 반복하며 변화하고 있습니다. 원만한 사회생활을 위해서 기본적으로 알아야 하는 어휘 수는 대략 5만 개 정도로 봅니다. 그런데 이 가운데 초등학교 과정에서 배우는 어휘가 약 2만 5천 개 정도나 됩니다. 결국 우리는 생활에 필요한 어휘의 반을 초등학교 과정에서 배우게 됩니다. 그만큼 초등학교 때 어휘 공부는 대단히 중요합니다.

그렇다면 초등학생들의 어휘력 향상을 위한 가장 좋은 학습 방법은 무엇일까요?

바로 교과서와 연계하여 관련 어휘를 학습하는 것입니다. 교과서에서 눈에 익은 어휘는 그만큼 어린이들이 쉽게 받아들이고 배우기에 수월합니다. 그리고 교과서 어휘를 완벽하게 익힘으로써 학습 효과를 높이는 것은 물론이고, 공부에 자신감이 생기게 됩니다. 이 책의 편집 원칙 가운데 첫째로 삼은 것이 바로 이 점입니다.

본 교재는 출간 당시부터 지금까지 여러 선생님과 학부모님들로부터 좋은 평가를 받아 왔던 '어린이 훈민정음'의 3차 개정판입니다. 2019년부터 적용되는 새 교과서 내용에 따라 이번에 전면 개정을 하였습니다. 학년별로 꼭 필요한 어휘를 선정하고, 어린이들이 쉽고 재미있게 학습하도록 문제 형식을 다양하게 구성하였습니다.

아무쪼록 본 교재를 통해 어린이들이 어휘 학습에 흥미를 느끼고, 자신감을 얻어 교과 학습은 물론이고 바른 국어 생활을 하는 데 이 책이 길잡이가 되기를 바랍니다.

감사합니다.

도서출판 시서례

3차 개정판 어린이 훈민정음

목차

책을 읽고 생각을 넓혀요

1 인권

人 權
사람 인 권리 권

사람이면 누구나 태어나면서부터 당연히 가지는 권리.

예) 개인의 인권을 무시해서는 안 된다.

다음은 대한민국 국민이면 누구나 갖는 권리입니다. 설명을 읽고 빈칸을 채우세요.

(1) 일정한 범위 안에서 국가의 간섭을 받지 않고, 자신이 하고자 하는 생각에 따라 행동할 수 있는 권리.

(2) 모든 사람이 법 앞에서 차별을 받지 않고 인간으로서 똑같이 대접 받을 수 있는 권리.

(3) 국민이 정치에 참여할 수 있는 권리.

(4) 국가나 다른 사람이 개인에게 손해를 끼쳤을 때, 보상을 요구할 수 있는 권리.

2 무슨 낱말일까요?

빈칸에 알맞은 낱말을 넣어 문장을 완성하세요.

(1) 홍길동은 부 시 술 을 써서 동에 번쩍, 서에 번쩍했다.

   * 한 몸을 여러 개로 나타나게 하는 도술(열심히 갈고닦아 부리는 신기한 재주나 기술).

(2) 개와 고양이는 대표적인 바 ㄹ 동 물 이다.

   * 가족처럼 생각하여 가까이 두고 보살피며 기르는 동물.

(3) 이 동화책에 대한 ㅅ 펴 이 매우 좋다.

   * 책의 내용에 대한 평가. 책의 내용과 특징을 소개하거나 책의 가치를 평가한 글.

(4) 이 지방의 벼 ㅅ ㅇ 치 들은 매우 친절했다.

   * 예전에, 관청에 나가 나랏일을 하던 사람들을 이르던 말.

(5) 자동차 ㅐ ㄱ 가 스 는 공기를 오염시킨다.

   * 연료가 타고 난 뒤에 나오는 기체. 보통 사람에게 해로운 성분이 많이 들어 있다.

(6) 아버지는 어제 친구분 자 ㄹ 식 에 다녀오셨다.

   * 죽은 사람을 위해 치르는 예식.

(7) 나는 과학자가 되어서 우리나라의 과학 발전에 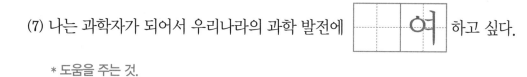 하고 싶다.

    ＊도움을 주는 것.

(8) 요즈음 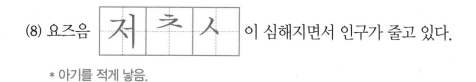 이 심해지면서 인구가 줄고 있다.

    ＊아기를 적게 낳음.

(9) 아저씨는  의 죄를 짓고 교도소에 들어가셨다.

    ＊남의 몸에 상처를 내어 해를 끼침.

(10) 그 신하는 임금에게 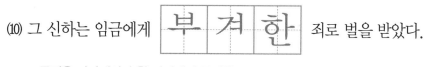 죄로 벌을 받았다.

    ＊존경을 나타내어야 할 자리에서 무례한.

(11) 산꼭대기에 오르니 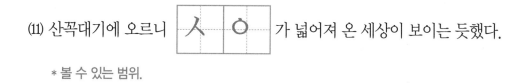 가 넓어져 온 세상이 보이는 듯했다.

    ＊볼 수 있는 범위.

(12) 내가 기다리던 그 영화가 드디어 오늘 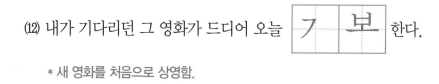 한다.

    ＊새 영화를 처음으로 상영함.

(13) 이 지역은 땅이 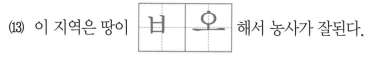 해서 농사가 잘된다.

    ＊땅에 영양분이 많음.

3 반대말

🐹 **밑줄 친 낱말의 반대말을 빈칸에 쓰세요.**

(1)
두 점 사이의 가장 짧은 선을 <u>직선</u>이라고 한다.

도자기의 | ㄱ | 선 | 이 무척 아름답다.

(2)
베트남은 요즈음 <u>우기</u>라서 매일 비가 온다.

하지만 | ㄱ | ㄱ | 가 되면 비가 별로 내리지 않는다.

(3)
나는 키도, 몸무게도 <u>평범한</u> 어린이다.

홍길동은 | ㅂ | ㅂ | 한 | 능력으로 도둑을 물리쳤다.

(4)
아버지는 <u>검소</u>가 몸에 배어 있는 분이시다.

놀부는 | ㅅ | ㅊ | 를 즐기며 살았다.

(5)
걔는 <u>우둔</u>해서 내 마음을 눈치채지 못했을 거야.

홍길동 | 초 | 뎌 | 해 | 서 | 위기를 슬기롭게 극복해 내었다.

(6)
여름이 되면 전기 사용량이 <u>급증</u>한다.

겨울이 되자 아이스크림 판매량이 | ㄱ | ㄱ | 했다.

4 동형어

다음 문장을 읽고, 괄호 안에 공통으로 들어갈 낱말을 빈칸에 쓰세요.

(1)

ㅈ	ㅅ

① 홍길동은 (   )에 올라 마을을 내려다보았다.

* 산 따위의 맨 꼭대기.

② 에어컨은 고장 났지만, 선풍기는 (   )이다.

* 특별한 탈이 없이 제대로인 상태.

(2)

ㄱ	ㄹ

① 이 자리는 (   )석이다.

* 노인을 공경함.

② 그 철새의 이동 (   )에 우리나라가 있다.

* 지나는 길.

(3)

추	저

① 글을 쓸 때에는 무엇을 참고했는지 (   )을 밝혀야 한다.

* 인용한 글이 있는 책.

② 나폴레옹은 그 전투에 (   )했다가 큰 부상을 입었다.

* 전쟁에 나감.

(4)

ㅂ	ㅁ

① (   )만 먹으면 건강에 좋지 않다.

* 흰쌀.

② 영희의 그림 중 (   )는 이 풍경화다.

* 여럿 가운데 가장 뛰어난 사람이나 물건을 가리키는 말.

5 조선 시대의 신분 제도

조선 시대에는 신분 제도가 있었습니다. 다음 글에 들어갈 낱말을 쓰세요.

(1)	(2)	• 땅과 노비를 가질 수 있으며, 땅을 농민에게 빌려주기도 하였다. • 남자는 유학 공부를 하여 나랏일을 할 수 있었다.
	(3)	• 공부를 하여 나랏일을 할 수 있었으나 높은 벼슬에는 오르기 어려웠다. • 의관(의사)이나 역관(통역사) 같은 전문직이 되기도 했다.
	(4)	• 주로 농업, 어업, 상업 등의 일을 했다. • 백정(가축을 잡는 사람), 광대, 기생 등 천한 직업을 가진 사람도 있었다.
(5)		• 최하층 신분으로, 대부분 노비였다. • 나라에 속한 노비와 개인 노비가 있었다.

(1) (2), (3), (4)를 아울러 이르는 말.

야 이

(2) 조선 시대에, 지배층을 이루던 신분.

야 바

(3) (2)와 (4)의 중간에 있던 신분 계급.

주 이

(4) 조선 시대에 가장 많은 사람이 속한 계급.

사 미

(5) 조선 시대에, 사회적으로 가장 낮은 신분 계층.

처 미

6 '항성', '행성', '위성'

 아래 설명을 읽고 괄호 안에 알맞은 말을 써넣으세요.

항성	: 움직이지 않고 스스로 빛을 내는 별. 붙박이 별.
행성	: 항성을 중심으로 그 주변 도는 물체. 스스로는 빛을 내지 못한다.
위성	: 행성 주변을 도는 물체.

(1) 태양계에서 유일한 (   )은 태양이다. 그리고 태양을 중심으로 그 주위를 돌고 있

는 수성, 금성, 지구, 화성, 목성, 토성, 천왕성, 해왕성은 (   ) 이다. 또 달은 지구

의 둘레를 도는 (   )이다.

병조	: 조선 시대에, 군사와 말 따위의 일을 맡아보던 곳.
형조	: 조선 시대에, 법률, 형벌, 노예 따위의 일을 맡아보던 곳.
예조	: 조선 시대에, 제사, 예법, 과거 따위의 일을 맡아보던 곳.
호조	: 조선 시대에, 호적(이름, 생년월일 등 신분에 관한 사항을 적은 문서), 세금 등의 일을 맡아보던 곳.

(2) 거두어들인 세금이 문서와 맞지 않아 (   )의 벼슬아치가 벌을 받았다.

(3) 임금이 제사를 지낼 때에는 (   )의 벼슬아치가 일을 관리해야 했다.

(4) 길동의 아버지는 (   )의 높은 벼슬아치로, 평소에 병사들을 관리했다.

(5) 겨울이 되자 (   )의 벼슬아치들은 감옥에 따뜻한 지푸라기를 깔아 주었다.

7 바르게 쓰기

잘못 쓴 낱말에 밑줄을 긋고 바르게 고쳐 쓰세요.

(1) 이 옷이 두께는 얇아 보이지만 매우 따뜻하다.

_____

(2) 이 사진은 촛점이 맞지 않아 흐릿하게 나왔다.

_____

(3) 각자 맡은 역활을 충실히 해야 멋진 연극이 된다.

_____

(4) 어느덧 해가 서서이 기울고 있다.

_____

(5) 작은 나라라고 섯불리 쳐들어갔다가는 큰코다칠 수 있습니다.

_____

(6) 거짓말의 댓가로 벌을 받았다.

_____

(7) 지키지 못할 약속이라면 아얘 하지 말아라.

_____

제 1 과   작품 속 인물과 나

1 작품

作 品
만들 작   물건 품

만든 물품. 예술 창작 활동으로 만들어진 것.

예) 이 작품은 역사에 길이 남을 명작이다.

설명을 읽고 '물건 품(品)'이 들어가는 낱말을 쓰세요.

(1) 사람이 먹고 마시는 음식물을 통틀어 이르는 말.

(2) 오래 되었거나 희귀한 물품.

(3) 어떤 물건을 그와 똑같이 모방하여 만든 물품.

(4) 학습에 필요한 물품.

(5) 주로 얼굴에 발라 빛깔과 냄새로 멋을 내는 물품.

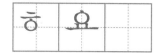

2 낱말 뜻풀이

😊 빈칸에 알맞은 말을 넣어서 밑줄 친 낱말의 뜻을 풀이하세요.

(1) 부귀한 사람이 꼭 행복한 것은 아니다.

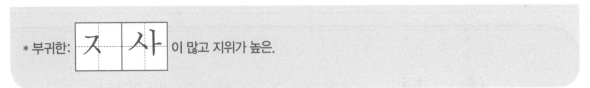

* 부귀한: ㅈ ㅅ 이 많고 지위가 높은.

(2) 피아니스트가 건반을 지그시 눌러 연주를 시작했다.

* 지그시: 슬며시 ㅎ 을 주는 모양.

(3) 그 사건은 아득한 시절에 있었던 이야기다.

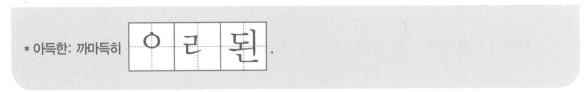

* 아득한: 까마득히 ㅇ ㄹ 된.

(4) 화재로 집을 잃은 사람들은 불이란 말만 들어도 가슴이 미어진다.

* 미어진다: 가슴이 찢어질 듯이 심한 고통이나 ㅅ ㅍ 을 느낀다.

(5) 아들이 다쳤다는 소식을 듣자마자 농부는 혼절하였다.

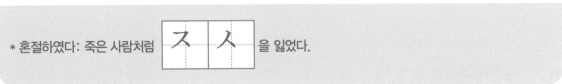

* 혼절하였다: 죽은 사람처럼 ㅈ ㅅ 을 잃었다.

(6) 바지랑대 위에 잠자리가 앉아 있다.

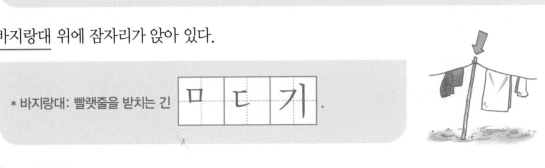

* 바지랑대: 빨랫줄을 받치는 긴 ㅁ ㄷ ㄱ .

(7) 텔레비전을 끄면 가족 간에 소통이 늘어난다.

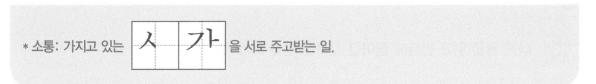

＊소통: 가지고 있는 ｜ㅅ｜가ㅣ 을 서로 주고받는 일.

(8) 오랜만에 만난 동민이는 어느새 의젓한 학생이 되어 있었다.

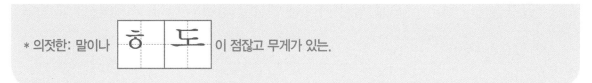

＊의젓한: 말이나 ｜ㅎ｜ㄷ｜ 이 점잖고 무게가 있는.

(9) 경호는 꿈을 꾸는지 자면서 손사랫짓을 했다.

＊손사랫짓: ｜￨ 을 펴서 함부로 휘젓는 짓.

(10) 수영이 집 거실에는 아름다운 산수화가 걸려 있었다.

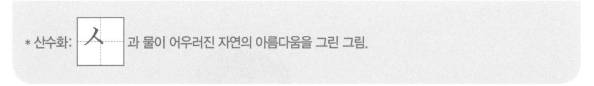

＊산수화: ｜ㅅ｜ 과 물이 어우러진 자연의 아름다움을 그린 그림.

(11) 나그네는 행장을 꾸려 길을 떠났다.

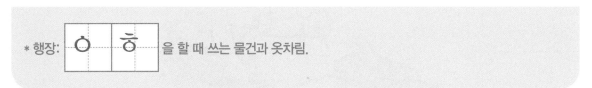

＊행장: ｜ㅇ｜ㅎ｜ 을 할 때 쓰는 물건과 옷차림.

(12) 이 화첩에는 유명 화가들의 그림이 많다.

＊화첩: 그림을 모아 엮은 ｜ㅊ｜.

(13) 종호가 쉬는 시간에 내게 와서 종민이에 대한 이야기를 속살거렸다.

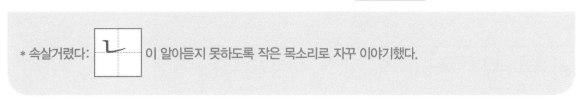

＊속살거렸다: ｜ㄴ｜ 이 알아듣지 못하도록 작은 목소리로 자꾸 이야기했다.

3 서예

다음 글을 읽고 빈칸에 들어갈 알맞은 말을 쓰세요.

글자를 (1) 으로 써서 나타낸 예술을 서예라 한다. 서예를 할 때 반드시 필요한 것이 (1) , (2) , (3) , (4) 인데 이것을 (5) 라 하여 예부터 선비들이 가까이 두고 소중하게 여겼다. 이것 못지않게 소중한 것이 (6) 이다. 이것은 (4) 에 부을 물을 담아두던 도구다.

옛날부터 뛰어난 글씨를 쓰기 위해 많은 사람이 노력하였는데, 그중 가장 탁월한 글씨체를 남긴 사람은 추사 김정희다. 그는 끈질긴 노력으로 자기만의 글씨체를 만들었다.

(1)

(2) ㅁ

(3) 조

(4) ㅂ ㄹ

(5) 문 ㅂ 사 ㅇ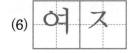

(6) 여 ㅈ

4 바르게 쓰기

잘못 쓴 낱말에 밑줄을 긋고 바르게 고쳐 쓰세요.

(1) 민성이는 민주에게 연필을 건내주었다.

_____

(2) 성균이는 장염에 걸려서 몇일 동안 괴로워했다.

_____

(3) 사냥꾼이 숲속에서 하루밤 보낼 장소를 찾고 있었다.

_____

(4) 경민이는 얼른 아버지의 허리를 끓어안고 얼굴을 비볐다.

_____

(5) 그런대 누가 이 꽃병을 깨뜨렸지?

_____

(6) 뒷뜰에 호랑나비 한 마리가 날아들었다.

_____

(7) 두 아이의 이마에는 어느세 땀이 송골송골 맺혔다.

_____

5 무슨 낱말일까요?

 설명을 읽고, 빈칸에 알맞은 낱말을 넣어 문장을 완성하세요.

(1) | 겨 | 무 | 을 넓히는 가장 좋은 방법은 여행이다.

    * 보거나 들어서 얻은 지식.

(2) 소치 허련은 추사 김정희의 | 무 | 하 | 새 | 이었다.

    * 스승 아래에서 가르침을 받은 제자.

(3) 돈이든 시간이든 | ㅎ | 투 | ㄹ | 쓰면 안 된다.

    * 아무렇게나 되는대로.

(4) 한석봉은 어머님의 | | 된 | 꾸지람을 듣고 마음을 다잡았다.

    * 매우 심한.

(5) 네가 목표로 삼은 것을 | ㅅ | 취 | 하려면 꾸준한 노력이 필요하다.

    * 목적한 바를 이루어 냄.

(6) 소방관이 연기에 | ㅈ | 식 | 한 사람을 업고 나왔다.

    * 숨통이 막히거나 산소가 부족하여 숨이 쉬어지지 않는 것.

(7) 어디서 불이 났는지  냄새가 났다.

    * 연기 냄새가 약간 맵고 싸한.

(8) 내가 부를 수 있는 노래는 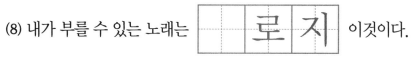 이것이다.

    * 다른 것 없이 하나뿐인.

(9) 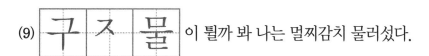 이 튈까 봐 나는 멀찌감치 물러섰다.

    * 무엇을 씻거나 빨아 더러워진 물.

(10) 벽에 던진 공이  으로 나에게 돌아왔다.

    * 튀는 힘.

(11) 은영이는 노래를 부르다 선생님을 만나자 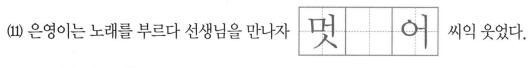 씨익 웃었다.

    * 어색하고 쑥스러워.

(12) 아저씨는 화재로 모든 재산을 잃자  에 눈물을 흘렸다.

    * 의지할 데 없이 외롭고 답답함.

(13) 우리 식구는  어디든 쉽게 떠날 수 있다.

    * 식구가 많지 않아서.

6 무슨 뜻일까요?

밑줄 친 낱말의 알맞은 뜻을 찾아 번호를 쓰세요.

(1) 나는 정균이의 소식을 듣고 무척 <u>기꺼웠다</u>.   (   )

     ① 마음속으로 은근히 기뻤다.

     ② 마음속으로 은근히 기가 찼다.

(2) <u>성근</u> 나무 사이로 해님이 보였다.   (   )

     ① 키가 큰.

     ② 드문드문 있어 물건의 사이가 뜬.

(3) 저 건물에서 <u>나붓나붓</u> 움직이는 것은 뭐지?   (   )

     ① 얇은 천이나 종이 따위가 바람에 자꾸 가볍게 흔들리는 모양.

     ② 아래로 떨어지려는 듯 자꾸 아래로 움직이는 모양.

(4) 사람들은 스님에게 <u>필법</u>을 배우려고 모여들었다.   (   )

     ① 글씨를 쓰거나 그림을 그리는 법.

     ② 부처의 가르침.

(5) 그 교수는 <u>후학</u>들을 위해 좋은 책을 썼다.   (   )

     ① 자신에게 가르침을 받는 사람.

     ② (누구보다) 나중에 학문을 시작한 사람.

(6) <u>산자락</u>에 그늘이 진다.   (   )

     ① 산의 아랫부분.

     ② 산의 꼭대기.

(7) 나는 뱀 사진만 보아도 진저리를 친다.　　　　　　　　（　　）

　　① 몸에 차가운 것이 닿거나 무서움을 느낄 때 몸이 부르르 떨리는 것.

　　② 놀라거나 흥분하여 시끄럽게 소란스럽게 떠들어 대는 일.

(8) 자영이는 물기가 흥건한 양말 한 짝을 들었다.　　　　　（　　）

　　① 물 따위가 푹 잠길 정도로 많은.

　　② 물기가 빠져서 잘 마른.

(9) 민수야, 네가 추구하는 삶은 무엇이니?　　　　　　　　（　　）

　　① 특별히 좋아하는.

　　② 목적을 이룰 때까지 뒤좇아 구하는.

(10) 어두운 골목을 가는데 인기척이 나서 깜짝 놀랐다.　　　（　　）

　　① 인기 있는 노랫소리.

　　② 사람이 있음을 알 수 있게 하는 소리나 행동.

(11) 미영이의 유난스러운 행동에 모두 놀랐다.　　　　　　（　　）

　　① 말이나 행동이 보통과 너무 다른.

　　② 예의 바르고 성실한.

(12) 유치원 다닐 때의 추억이 아련하다.　　　　　　　　　（　　）

　　① 분명하지 않고 어렴풋하다.

　　② 분명하게 떠오른다.

(13) 성국이가 방 안으로 들어오며 벙싯 웃었다.　　　　　　（　　）

　　① 입을 조금 크게 벌리며 소리 없이 가볍게 한 번 웃는 모양.

　　② 입을 벌리지 않고 미소를 지으며 살짝 웃는 모양.

7 동형어

 모양은 같지만 뜻이 다른 낱말들입니다. 설명을 읽고 괄호 안에 공통으로 들어갈 낱말을 쓰세요.

(1)

ㅈ	ㅈ

① 건물에 불이 나자 그 마을이 모두 (　　　)이 되었다.

    ＊ 오던 전기가 끊어짐.

② 남한과 북한은 1953년에 (　　　)에 합의했다.

    ＊ 전쟁 중에 일시적으로 전투를 중단하는 일.

(2)

ㅁ	가

① 무슨 일이 있는지 선영이는 (　　　)을 찌푸리고 있었다.

    ＊ 두 눈썹 사이.

② 사장이 쓰러지자 출판사에는 (　　　) 도서가 넘쳐났다.

    ＊ 책을 아직 인쇄하지 않음.

(3)

	가

① 열심히 노력한 (　　　)는 반드시 온다.

    ＊ 어떤 일에 들인 노력이나 희생에 대해 받는 값.

② 추사 김정희는 서예의 (　　　)다.

    ＊ 어떤 분야에서 아주 뛰어난 사람.

(4)

ㅈ	ㅈ

① 임금의 명령으로 신하들이 (　　　)에 모였다.

    ＊ 임금과 신하들이 모여 나라의 정치를 의논하고 집행하는 곳.

② 우리 학교는 등교 시간을 9시 30분으로 (　　　)하였다.

    ＊ 어떤 기준이나 실정에 맞게 바꾸는 것.

8 띄어쓰기

괄호 안의 띄어쓰기 횟수만큼 띄어야 할 부분에 ∨ 표 하세요.

(1) 내가살던고향은꽃피는산골.(5)

(2) 우린고구마밖에없는데괜찮다면이거라도내놓겠네.(5)

(3) 우리집안방이온통불바다가되어버린거야.(7)

(4) 그것이그때선영이에게꼭필요했던것임을알수있었다.(8)

(5) 얼마안가서하인이아예허련에게일을미루어버렸다.(8)

(6) 담비는윤희순이시키는대로동에번쩍서에번쩍쏘다녔다.(8)

(7) 허련이붓을들어이번엔잎달린작은나무몇그루를그렸다.(10)

9 십자말풀이

낱말 뜻풀이를 읽고, 괄호 안에 들어갈 낱말을 빈칸에 넣어 십자말풀이를 완성하세요.

(1)
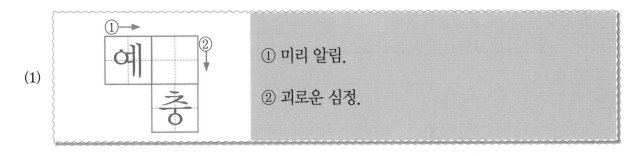

① 미리 알림.

② 괴로운 심정.

① 선생님께서 내일 선물을 주시겠다고 (   )하셨다.

② 전학 온 민주가 새 친구들과 어울리기 힘들다며 (   )을 털어놓았다.

(2)
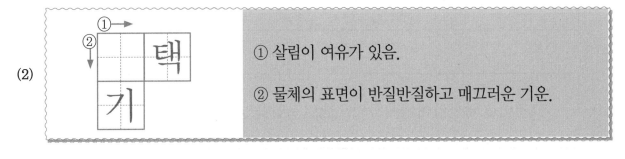

① 살림이 여유가 있음.

② 물체의 표면이 반질반질하고 매끄러운 기운.

① (   )한 생활을 하던 사람이 이번 화재로 재산을 모두 잃었다.

② 이 사과는 (   )가 나서 매우 먹음직스럽다.

(3)
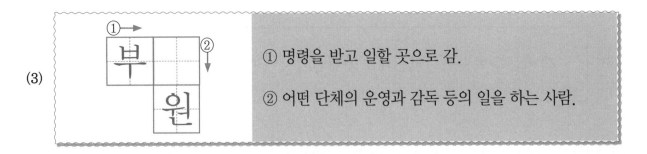

① 명령을 받고 일할 곳으로 감.

② 어떤 단체의 운영과 감독 등의 일을 하는 사람.

① 새로 (   )한 사또는 나쁜 사람이었다.

② 나는 (   )으로 뽑혀 1년간 축구 동아리에서 일하게 되었다.

제 2 과 관용 표현을 활용해요

1 표현

表 現
겉 표 나타낼 현

생각이나 감정을 말이나 행동으로 드러냄.

예) 마음속으로만 생각하지 말고 표현을 잘하자.

설명을 읽고 '겉 표(表)'가 들어가는 낱말을 쓰세요.

(1) 누구 것인지 모르니 각자의 공책에 이름을 [ ][기] 하세요.

* 책이나 종이 따위의 겉에 문자를 쓰는 것.

(2) 오늘 [ス][ ] 온도가 무려 40도였다.

* 땅의 겉면 또는 지구의 표면.

(3) 소영이는 선생님께 꾸중을 듣고도 [ㅁ][ ][정] 하게 앉아 있었다.

* 아무런 감정을 얼굴에 드러내지 않음.

(4) 아무리 맛있는 과일이라도 [ ][ㅁ] 에 상처가 있으면 먹고 싶지 않다.

* 겉으로 나타난 부분.

2 관용 표현

 아래 글을 읽고 물음에 대답하세요.

> 둘 이상의 낱말이 모여 원래의 뜻과는 전혀 다른 새로운 뜻으로 굳어져서 쓰이는 것을 ① ☐ 표현이라 합니다. 예를 들어 '② ☐ 이 넓다'는 '여러 사람과 쉽게 잘 사귀어서 아는 사람이 많다'는 뜻으로 쓰입니다. 또한 '입을 모으다'는 '여러 사람이 같은 ③ ☐ 을 말하다'는 뜻입니다. 예를 들어 '우리는 모두 입을 모아 선생님께 감사 인사를 드렸다.'와 같이 사용합니다.
>
> 이처럼 관용 표현을 사용하면 자신의 생각을 짧은 말로 재미있게 표현할 수 있습니다.

(1) 윗글의 빈칸에 들어갈 말을 쓰세요.

① | ㄱ | ㅇ |

② | ㅂ |

③ | | 견 |

(2) 다음 글을 잘 읽고, '익숙할 관(慣)'이 들어가는 낱말을 쓰세요.

> ### 慣 用
> 익숙할 **관** 쓸 **용**
>
> 오랫동안 써서 굳어진 대로 쓰는 것.

① 오랫동안 되풀이하여 몸에 익은 채로 굳어진 개인의 행동.

| ㅅ | |

② 한 사회에서 오랫동안 지켜 내려와 널리 쓰이는 질서나 풍습.

| | ㅅ |

(3) 왼쪽과 같은 뜻으로 사용할 수 있는 관용 표현을 오른쪽에서 찾아 바르게 연결하세요.

어떤 일이든 기회가 왔을 때 과감하게 행동하라.	머리를 맞대다
재미나 의욕이 없어지다.	백지장도 맞들면 낫다
좋은 결론이나 방법을 찾기 위해 서로 의논하다.	쇠뿔도 단김에 빼라
아무리 쉬운 일이라도 서로 도우면 훨씬 쉽다.	김이 식다
어떤 근심이나 기다림 등으로 시간이 갈수록 점점 초조하고 안타깝다.	손이 크다
돈 따위를 다룰 때 씀씀이가 커서 한 번에 많은 양을 쓰다.	애간장이 타다

3 관용 표현의 활용

 빈칸을 채워 다음 상황에 어울리는 관용 표현을 완성하세요.

(1)
도현이네가 화재로 모든 재산을 잃었다. 우연히 그 사실을 안 소영이가 친구들에게 성금을 모으자고 부탁했다. 같은 반뿐 아니라 전 학급을 돌며 모금했다. 소영이는 그 정성을 도현이 부모님께 전달해 드렸다.

바	벗고 나서다

(2)
나는 우리 집 강아지 해피를 무척 좋아한다. 너무 귀여워서 계속계속 안아 주고 싶다. 그래서 학교에 가지 않는 날에는 몇 번이고 안아 준다. 아침에 일어나서, 아침밥을 먹다가도, 텔레비전을 보다가도, 책을 볼 때도, 심지어 화장실을 다녀올 때마다 안아 준다.

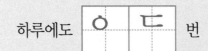

하루에도 | ㅇ | ㄷ | 번

(3)
도영이와는 유치원 시절부터 가까운 사이였다. 하지만 지난주에 말다툼을 심하게 하고 나서는 서로 얼굴도 쳐다보지 않는다.

ㄱ	이 가다

(4) 나는 결정을 했다가도 마음이 쉽게 바뀐다. 준수의 말을 들으면 준수의 말대로 해야 할 것 같고, 영균이의 말을 들으면 또 그대로 따라야 할 것 같다.

| ㄱ | 가 얇다

(5) 어젯밤 골목을 지나가는데 고양이 한 마리가 갑자기 뛰어들어 기절할 뻔했다.

| ㄱ | 떨어지다

(6) 친구들과 줄넘기를 했다. 아무리 해도 10번을 못 넘었다. 친구들이 줄넘기 연습 좀 하라고 놀렸다. '열심히 노력해서 다음엔 너희들보다 많이 넘을 거야!'

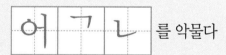 를 악물다

(7) 준수는 글을 쓰다가 틀린 부분이 있으면 고쳐 쓰지 않고 공책 한 장을 북 찢어서 버린다. 연필도 쓰다가 심이 부러지면 버리고 새 연필을 쓴다.

| ㅁ | 쓰듯 하다

4 무슨 낱말일까요?

빈칸에 알맞은 낱말을 넣어 문장을 완성하세요.

(1) 나는 요즈음 | 지 | 로 | 를 심각하게 고민하고 있다.

* 앞으로 나아갈 길.

(2) 이번 일은 내 판단이 맞다고 | 화 | 시 | 한다.

* 굳게 믿음.

(3) 어려운 일이 생기면 주변 어른들의 | ㅈ | 어 | 을 듣는 것도 좋다.

* 도움이 되는 말.

(4) 매일 아침에 줄넘기를 했더니 | ㅎ | 야 | 했 | 던 | 몸이 튼튼해졌다.

* 튼튼하지 못하고 약했던.

(5) 눈도 깜빡하지 않고 뱀을 만지다니. 너 참 | ㄷ | 다 | 하 | 다 |.

* 겁이 없고 용감하다.

(6) | 처 | | | 에 놀부처럼 못된 사람은 없다.

* 하늘 아래 온 세상.

(7) 상황을 보고, 이 두 사람 가운데 누가 범인일지 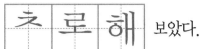 보았다.

　＊ 미루어 짐작하여 말해.

(8) 그 나라는  의 힘으로 대통령을 바꾸었다.

　＊ 국가나 사회를 구성하는 일반 국민. 지배를 받는 계층.

(9) 우리는 행사를 어떻게 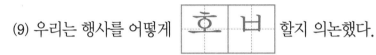 할지 의논했다.

　＊ 무엇을 널리 알림.

(10) 벼는  이 익을수록 고개를 숙인다.

　＊ 벼, 보리 따위의 곡식에서 꽃이 피고 열매가 달리는 부분.

(11) 이번 실패에  하지 말고 더욱 노력하거라.

　＊ 어떤 일에 대한 의지가 꺾임.

(12) 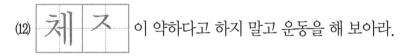 이 약하다고 하지 말고 운동을 해 보아라.

　＊ 사람의 타고난 몸의 성질.

(13) 수진이와 선경이의 의견이 팽팽히 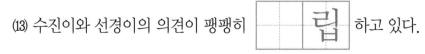 하고 있다.

　＊ 의견이 서로 맞서거나 반대됨.

5 바르게 쓰기

 잘못 쓴 낱말에 밑줄을 긋고 바르게 고쳐 쓰세요.

(1) 남에게 빗을 지면 반드시 갚아야 한다.

_____

(2) 현민이는 키가 커서 친구들과 함께 있어도 두두러진다.

_____

(3) 자신의 꿈을 꾸준이 찾아보아야 한다.

_____

(4) 민주는 화려한 옷을 입어서 언제나 눈에 띈다.

_____

(5) 아이는 내 옷자락을 붙들고 놓아 주지 않았다.

_____

(6) 나는 문구점에서 도화지 열 장, 색종이 다섯 묶음을 샀다.

_____

(7) 어머니는 가즌 나물과 채소를 넣어 비빔밥을 만드셨다.

_____

6 바꾸어 쓰기

😊 **다음 두 문장의 뜻이 같아지도록 빈칸에 알맞은 낱말을 쓰세요.**

(1)
① 누나는 길에서 광고지를 <u>나누어 주는</u> 아르바이트를 한다.

② 누나는 길에서 광고지를 | ㅂ | ㅍ | 하는 아르바이트를 한다.

(2)
① 수영이는 자신이 없는지 말 <u>뒷부분을</u> 흐렸다.

② 수영이는 자신이 없는지 | | 끄 | | 를 흐렸다.

(3)
① 목표였던 줄넘기 100회를 <u>이루어</u> 기분이 좋다.

② 목표였던 줄넘기 100회를 | 다 | 서 | 하여 기분이 좋다.

(4)
① 어머니는 <u>생선류와 조개류를</u> 좋아하신다.

② 어머니는 | ㅇ | ㅍ | 류 | 를 좋아하신다.

(5)
① 국민으로서 <u>마땅히 해야 할 일을</u> 했을 뿐인데 훈장을 받으니 부끄럽다.

② 국민으로서 | | 무 | 를 했을 뿐인데 훈장을 받으니 부끄럽다.

(6)
① 아궁이에 불을 때자 방 안에 <u>따듯한 기운이</u> 돌았다.

② 아궁이에 불을 때자 방 안에 | ㅇ | 기 | 가 돌았다.

7 십자말풀이

😊 가로 열쇠와 세로 열쇠를 잘 읽고, 빈칸을 채우세요.

(1)	속	(2)				(7) 배
		(3)	(4)		(6)	
			(5)	고		
	(8)					
(9)	의		(10)	(11)		
		(12)			재	

<table>
<tr><td colspan="2">

가로 열쇠

</td></tr>
</table>

(1) 보통 사람들이 즐기는 전통 음악.

(3) 일정한 온도를 그대로 유지하는 것.

(5) 유적과 유물을 통해 옛 사람들의 생활과 문화를 연구하는 학문.

(6) 어떤 분야에 나아가 활동하기 시작하는 것. 예 그 회사는 해외에 ○○했다.

(8) 편지를 쓰는 종이.

(9) 남의 뜻과 다른 의견. 반 동의

(10) 새로운 기술.

(12) 자기 마음대로 할 수 있는 것.

세로 열쇠

(1) 화장하지 않은 얼굴. 비 민얼굴

(2) 음악의 가락이나 박자를 일정한 기호로 나타낸 것.

(4) 옛것을 익히고 그것을 통하여 새것을 아는 것.

(6) 학교를 마치고 상급학교에 가는 것.

(7) 무엇을 안에서 밖으로 내보내는 것.

(8) 생활하는 데에 편하고 좋음. 예 ○○성, ○○점

(9) 어떤 물질에 있는, 다른 물질.

(11) 어떤 분야의 전문 기술을 가진 사람.

제 3 과 타당한 근거로 글을 써요

1 논설문 쓰기

다음 글을 읽고 물음에 대답하세요.

논설문은 상대방이 내 의견에 따르도록 설득하는 글입니다. ① 설득을 효과적으로 하려면 주장에 대한 근거가 ② 적절해야 합니다. 그리고 근거는 알맞은 자료로 뒷받침합니다.

(1) ①과 ②의 낱말 뜻을 풀이하세요.

① 설득 : | 사 | | 방 | 이 내 의견에 따르도록 설명함.

② 적절해야 : | | 맞 | 아 | 야 | .

(2) 아래 문장에서 ㉠ 주장, ㉡ 근거, ㉢ 자료를 찾아 밑줄을 긋고 각각 순서대로 ㉠, ㉡, ㉢ 번호를 붙이세요.

교통신호를 잘 지키자. 그렇지 않으면 목숨을 잃거나 크게 다칠 수 있다. 며칠 전 우리 학교 2학년 어린이가 길을 건널 때 신호를 지키지 않아 차에 치인 적이 있다.

2 동형어

다음 글을 읽고, 괄호 안에 공통으로 들어갈 낱말을 빈칸에 쓰세요.

(1)

ㅇ	ㅈ

① 도둑은 그 시계를 자신이 훔쳤다고 (   )했다.

＊ 확실히 그렇다고 시인함.

② 옆집 할아버지는 (   )이 많으시다.

＊ 남을 동정하는 따뜻한 마음.

(2)

ㅂ	ㅁ

① 어린이들은 건강에 나쁜 음식을 (   )하기로 했다.

＊ 물건을 사지 아니함.

② 가게 주인들은 건강에 나쁜 음식을 (   )하기로 했다.

＊ 물건을 팔지 아니함.

(3)

ㄷ	ㄱ

① 네가 이 글을 쓴 (   )는 무엇이니?

＊ 어떤 일이나 행동을 한 원인.

② 민주와 나는 유치원 (   )다.

＊ 같은 시기에 함께 공부한 사람.

(4)

ㅇ	ㅈ

① 아들은 아버지의 (   )를 받들어 농장을 더 크게 늘렸다.

＊ 죽은 사람이 살아서 이루지 못하고 남긴 뜻.

② 농장이 잘 (   )되도록 아들은 열심히 일했다.

＊ 어떤 상태를 계속 이어나감.

3 낱말 뜻풀이

빈칸에 알맞은 낱말을 넣어 밑줄 친 낱말의 뜻을 풀이하세요.

(1) 우리는 벌목한 나무로 생활에 필요한 것들을 만든다.

* 벌목: 숲의 [　][　]를 벰.

(2) 공장에서 배출하는 연기 때문에 눈을 뜰 수가 없다.

* 배출: 안에서 [　]으로 밀어 내보내는 일.

(3) 인삼을 먹으면 면역력이 높아진다.

* 면역력: 외부에서 들어온 [벼][원][ㄱ]에 저항하는 힘.

(4) 그 공장에서 이번에 노동자 300명을 새로 고용했다.

* 고용: [품][ㅅ]을 주고 사람에게 일을 시킴.

(5) 화학물질을 잘못 다루면 불임이 될 수 있다.

* 불임: [ㅇ][ㅅ]하지 못하는 일.

(6) 우리 선생님은 늘 윤리 교육을 강조하신다.

* 윤리: [ㅅ][　]으로서 마땅히 지켜야 할 도리.

4 무슨 낱말일까요?

 빈칸에 알맞은 낱말을 넣어 문장을 완성하세요.

(1) 올해는 날씨가 좋아 ㅈ 물 을 많이 수확했다.

　　* 논이나 밭에 심어서 가꾸는 곡식이나 채소 따위.

(2) 엉뚱한 소문이 학교 전체로 화 사 되었다.

　　* 흩어져 퍼짐.

(3) 원 가 높으면 물건값이 비싸지는 것은 당연하다.

　　* 상품을 만들고 판매하는 데 들어가는 모든 비용.

(4) 동현이가 노래를 잘 부른다는 소문이 자 하 다 .

　　* 여러 사람의 입에 오르내려 널리 퍼져 있다.

(5) 우리 삼촌은 ㅈ 재 ㅅ 에서 일하신다.

　　* 베어 낸 나무로 재목(건축물이나 기구를 만드는 데 필요한 나무)을 만드는 곳.

(6) 이모는 역 회사에 다니신다.

　　* 나라와 나라 사이에 물건을 사거나 파는 일.

(7) 나무에서 나오는 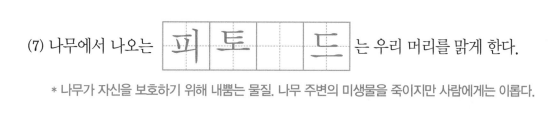 는 우리 머리를 맑게 한다.

     * 나무가 자신을 보호하기 위해 내뿜는 물질. 나무 주변의 미생물을 죽이지만 사람에게는 이롭다.

(8) " 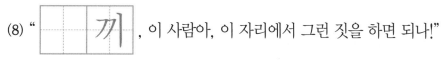 , 이 사람아, 이 자리에서 그런 짓을 하면 되나!"

     * 화가 났거나, 나무랄 때 내는 소리. 주로 나이가 비슷한 사람이나 아랫사람에게 쓴다.

(9) 우리 회사는 물건 제작 비용을 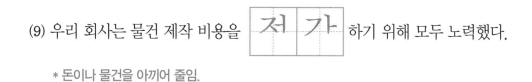 하기 위해 모두 노력했다.

     * 돈이나 물건을 아끼어 줄임.

(10) 바람이 몹시 불어 전봇대를 붙잡고 내 몸을 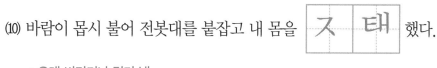 했다.

     * 오래 버티거나 견뎌 냄.

(11) 학교 앞 공사장이 너무 위험해 나는 방송국에 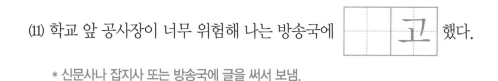 했다.

     * 신문사나 잡지사 또는 방송국에 글을 써서 보냄.

(12) 원시인들은 산이나 들에서  한 것을 먹으며 살았다.

     * 캐거나 베거나 따거나 뜯어 얻음.

(13) 바나나를 따는 여성들이  에 걸릴 확률이 높다.

     * 백혈구(피에서, 세균을 죽이고 면역 작용을 하는 성분)가 잘 성숙하지 않거나 어리고 비정상적인 백혈구가 비정
     상적으로 증가하여 생기는 병.

5 공정 무역

 다음 글을 읽고 물음에 대답하세요.

교통과 통신의 발달로 국가 간의 거리가 가까워지면서 ① 국제 무역도 활발해지고 있다. 이런 가운데 일부의 거대 ② 다국적 기업들은 최대한의 ③ 이윤을 얻기 위해 횡포를 부리는 경우가 많다. 그래서 공정 무역 제품을 사용하자고 주장하는 사람들이 늘어나고 있다.

공정 무역은 장점이 많다. 첫째, ④ 생산자에게 돌아갈 정당한 이익을 지켜 준다. 둘째, 노동에 노출된 아이들을 위험에서 보호할 수 있다. 일부 나쁜 기업들은 물건의 생산 비용을 낮추려고 ⑤ 임금이 상대적으로 낮은 어린이들을 ⑥ 고용하고 있기 때문이다. 셋째, 자연을 보호하고 생산자의 건강을 지킨다. 공정 무역에서는 지구 환경을 보호하는 ⑦ 친환경 농사법을 권장하고 있다.

(1) 공정 무역에 대한 설명입니다. 빈칸에 들어갈 알맞은 말을 설명을 보고 쓰세요.

공정 무역이란, 생산자의 ㉠에 정당한 ㉡를 ㉢해 생산자의 경제적 ㉣과 발전을 돕는 무역을 말한다.

㉠ | 동 | : 몸을 움직여 일함.

㉡ | 가 | : 어떤 일에 들인 노력이나 희생에 대해 받는 값.

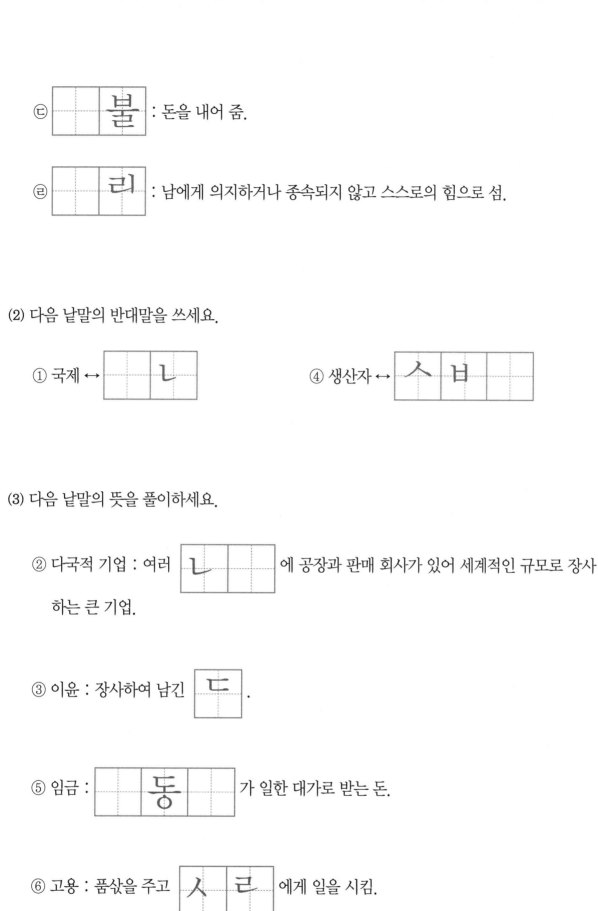

ⓒ | 불 | : 돈을 내어 줌.

ⓔ | 리 | : 남에게 의지하거나 종속되지 않고 스스로의 힘으로 섬.

(2) 다음 낱말의 반대말을 쓰세요.

① 국제 ↔ | ㄴ |

④ 생산자 ↔ | ㅅㅂ | |

(3) 다음 낱말의 뜻을 풀이하세요.

② 다국적 기업 : 여러 | ㄴ | | 에 공장과 판매 회사가 있어 세계적인 규모로 장사

하는 큰 기업.

③ 이윤 : 장사하여 남긴 | ㄷ |.

⑤ 임금 : | 동 | | 가 일한 대가로 받는 돈.

⑥ 고용 : 품삯을 주고 | ㅅㄹ | 에게 일을 시킴.

⑦ 친환경 : 자연환경을 오염시키지 않고 | | 여 | 그대로의 환경과 잘 어울리는 일.

6 무슨 뜻일까요?

밑줄 친 말의 알맞은 뜻을 찾아 번호를 쓰세요.

(1) 주장에는 <u>타당한</u> 근거가 있어야 한다.　　　　　　　(　)

　① 다른 사람 주장과 구별이 되는.

　② 알맞은.

(2) 농약을 <u>살포하다</u> 병에 걸린 농부들이 많다.　　　　　(　)

　① 뚜껑을 열다.

　② 액체나 가루 따위를 흩어서 뿌리다.

(3) 옛날에는 동서양이 모두 <u>신분</u> 사회였다.　　　　　　(　)

　① 태어날 때부터 사람의 사회적 지위나 자격이 결정된 사회.

　② 자신의 노력에 따라 아래 계급에서 위 계급으로 올라갈 수 있는 사회.

(4) <u>공정한</u> 사회가 되도록 모두 노력하자.　　　　　　　(　)

　① 공평하고 올바른.

　② 공공질서를 잘 지키는.

(5) 동민이는 정수를 <u>흘깃</u> 보고는 지나갔다.　　　　　　(　)

　① 조금 가볍게 노려보는 모양을 나타낸 말.

　② 아무런 관심이 없는 척 쳐다보는 모양.

(6) 큰아버지는 시골에서 <u>유기농</u>으로 농사를 짓고 계신다.　　(　)

　① 화학 비료나 농약을 쓰지 않고, 유기물(생물체가 만들어 낸 물질)을 이용하는 농업 방식.

　② 기계를 사용하지 않고, 사람의 힘만 이용하는 농업 방식.

7 반대말

 밑줄 친 낱말의 반대말을 쓰세요.

(1) 우리나라는 반도체를 많이 <u>수출</u>하고 있다.

(2) 사람들 욕심에 <u>벌목</u>을 많이 해서 저 산은 민둥산(나무가 없는 산)이 되었다.

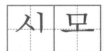

(3) 자신의 <u>이익</u>만을 생각하는 사람을 이기주의자라고 한다.

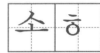

(4) 여름 휴가를 떠나기 위해 우리 가족은 모두 아버지 차에 <u>탑승</u>했다.

(5) 올해에는 비가 알맞게 내려서 <u>풍년</u>이다.

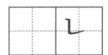

(6) 지구 온난화를 막으려면 이산화탄소 <u>배출</u>을 줄여야 한다.

8 바르게 쓰기

 잘못 쓴 낱말에 밑줄을 긋고 바르게 고쳐 쓰세요.

(1) 불을 끄면 웬지 귀신이 나올 것 같았다.

_____

(2) 그 초콜렛은 공정 무역으로 들여온 제품이다.

_____

(3) 오늘 밤에 자 보고 내일 아르켜 줄게.

_____

(4) 추운 지방에는 침옆수가 많다.

_____

(5) 일부 기업은 가난한 나라의 물건을 재값을 주지 않고 싸게 사서 비싸게 팔기도 한다.

_____

(6) 아이들이 있는데도 길에서 담배를 피는 사람이 있다.

_____

(7) 우리 몸에는 세포들이 해아릴 수 없이 많다.

_____

9 다의어

아래 설명을 읽고 밑줄 친 낱말이 어떤 뜻으로 쓰였는지 그 번호를 쓰세요.

데	① 장소.
	② 경우.
	③ (앞에서 말한) 일, 것.

(1) 이 약은 배 아픈 데 먹는 약이다. ( )

(2) 너는 어디 갈 데라도 있니? ( )

(3) 그 책을 다 읽는 데 삼일이 걸렸다. ( )

대로	① (앞말이 뜻하는) 그 모양과 같이.
	② (어떤 일이 일어나는) 그때마다.

(4) 민영이는 주는 대로 과자를 받아먹었다. ( )

(5) 이 문제를 어제 배운 대로 풀어 보아라. ( )

만	① 앞말이 가리키는 동안이나 거리.
	② 앞말이 가리키는 횟수를 끝으로.

(6) 어머니는 운전면허 시험에 세 번 만에 합격하셨다. ( )

(7) 은주는 선영이를 한 달 만에 만났다. ( )

10 십자말풀이

 다음 뜻풀이를 읽고, 괄호 안에 들어갈 말을 빈칸에 넣어 십자말풀이를 완성하세요.

(1)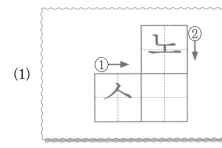

① 시끄럽고 어수선함.

② 여럿이 서로 다른 주장을 내며 다툼.

① 교실에서 (　　　)을 피우다 선생님께 혼이 났다.

② 찬성측과 반대측의 시각 차이가 커서 큰 (　　　)이 예상된다.

(2)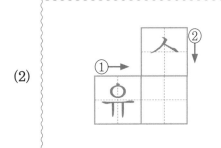

① 물건이 생산자로부터 소비자에 도달하기까지 여러 단계의 활동.

② 의견이나 생각 따위가 남과 잘 통함.

① 농산물이 우리 가정에 들어오기까지 여러 (　　　)단계를 거친다.

② 선생님은 우리와 (　　　)을 잘하신다.

(3)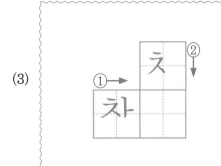

① 돌아가야 할 몫을 주지 않고 부당하게 가로채거나 빼앗음.

② 풀이나 나무, 어패류 따위를 캐거나 베거나 따거나 뜯어서 얻음.

① 일제 강점기에 일본은 우리나라를 (　　　)하였다.

② 산에서 함부로 버섯을 (　　　)하면 안 된다.

제**4**과 효과적으로 발표해요

1 해소

解 消
풀 해 사라질 소

좋지 않은 일이나 감정 따위를 풀어서 없앰.

예) 반가운 비로 가뭄이 <u>해소</u>되었다.

 아래 문장을 읽고 '풀 해(解)'가 들어가는 낱말을 쓰세요.

(1) 뱀에게 물리면 빨리 병원에 가서 ⬜ ⬜ㄷ 해야 한다.

* 독의 기운을 풀어서 없앰.

(2) 가물었던 논이 이번 비로 조금이나마 ⬜ 가⬜ 하였다.

* 비가 내려 가뭄을 겨우 벗어남.

(3) 광호 덕분에 이 어려운 문제를 ⬜ 겨⬜ 할 수 있었다.

* 어떤 문제나 사건 따위를 풀거나 잘 처리함.

(4) 광복절은 우리나라가 일본으로부터 ⬜ 바⬜ 된 날이다.

* 묶여 있던 것을 풀어서 자유롭게 함. 여기서는 1945년에 우리나라가 일본의 지배에서 벗어난 일.

2 '기여'와 '기부'

다음 뜻을 보고, 괄호 안에 알맞은 낱말을 쓰세요.

| 기여 | : 남에게 도움이 되도록 이바지함. |
| 기부 | : 사회적 약자를 돕거나 공공사업을 하기 위해 돈이나 물건을 줌. |

(1) 어머니는 돈이 없어 학교에 못 가는 아프리카 어린이들을 위해 (   )를 하셨다.

(2) 형은 이번 축구 대회에서 우승에 큰 (   )를 해 상을 받았다.

| 대조 | : 둘 이상의 대상에서 차이점을 찾아 설명하는 것. |
| 비교 | : 둘 이상의 대상에서 공통점을 찾아 설명하는 것. |

(3) '호랑이와 사자는 둘 다 육식동물이다.' 이 문장은 (   )로 설명하였다.

(4) '호랑이는 혼자, 사자는 무리 지어 생활한다.' 이 문장은 (   )로 설명하였다.

| 유래 | : 일이나 물건이 옛날부터 이어져 온 과정이나 역사. |
| 유례 | : 같거나 비슷한 예. |

(5) 세계에서 (   )를 찾기 힘들 만큼 끔찍한 일이 우리나라에서 벌어졌다.

(6) 너는 '시치미를 떼다'라는 말의 (   )를 아니?

개발	: 땅이나 자원 따위에 힘을 들여 인간에게 쓸모 있게 만드는 일.
계발	: 소질이나 정신을 일깨워 발전시키는 일.

(7) 지나친 (   )은 자연 생태계를 파괴한다.

(8) 끊임없이 능력을 (   ) 해야 꿈을 이룰 수 있다.

의기양양	: 뜻한 바를 이루어 만족한 마음이 겉으로 나타난 모양.
의기소침	: 기운이 없어지고 풀이 죽음.

(9) 옆 반 성철이는 축구 시합에서 우승했다며 (   )한 모습으로 웃어 보였다.

(10) 윤진이는 미술 대회에서 아무 상도 못 받아서 (   )한 모습으로 앉아 있었다.

문명	: 인간이 이룩한 물질적, 기술적 발전.
문맹	: 배우지 못하여 글을 읽거나 쓸 줄을 모름.
문화	: 사람이 사회를 이루어 살면서 쌓아 온 정신적, 물질적 활동.

(11) 특정 종교에서 특정 음식을 먹지 않는 것은 (   )의 차이다.

(12) 할머니는 학교를 열심히 다니셔서 (   )에서 벗어나셨다.

(13) (   )의 발달로, 인간이 하늘을 날 수 있게 되었다.

3 무슨 뜻일까요?

밑줄 친 말의 알맞은 뜻을 찾아 번호를 쓰세요.

(1) 열대 우림 지역이 파괴되어 지구 온난화가 빨라지고 있다.　　　　（　　）

　　① 적도나 적도 근처로, 비가 많이 오고 울창한 숲이 있는 지역.

　　② 적도나 적도 근처로, 비가 오지 않아 사막화된 지역.

(2) 세계에는 아직도 영양 결핍으로 고생하는 어린이들이 많다.　　　　（　　）

　　① 있어야 할 것이 없거나 모자람.

　　② 필요보다 많아서 남음.

(3) 현주는 피아노 연습에 과몰입해 시간 가는 줄 몰랐다.　　　　（　　）

　　① 지겨워해.

　　② 지나치게 깊이 빠져들어.

(4) 세종은 농업에 관한 책을 편찬했다.　　　　（　　）

　　① 여러 가지 자료를 모아 체계적으로 정리하여 책을 만들었다.

　　② 직접 글을 써서 책을 만들었다.

(5) 이번 비는 지속적으로 내리고 있다.　　　　（　　）

　　① 오랜 시간.

　　② 얼마 동안의 시간 간격을 두고 되풀이하여.

(6) 우리는 귀신의 집에 들어가 기이한 모습의 귀신들을 보았다.　　　　（　　）

　　① 무척 무서운.

　　② 묘하고 이상한.

4 매체

 다음 글을 읽고 빈칸에 들어갈 낱말을 쓰세요.

매체란 어떤 소식이나 사실을 한쪽에서 다른 쪽으로 전달하거나 퍼뜨리는 역할을 하는 것을 말합니다. 우리는 전화기를 통해 상대방과 소식을 주고받을 수 있기 때문에 전화기도 매체의 한 종류입니다.

전화기는 주로 개인과 개인 사이의 소식을 전합니다. 그러나 텔레비전 같이 여러 사람에게 소식이나 사실을 전하는 매체도 있습니다. 이런 것을 ___(1)___ 라고 합니다.

___(1)___ 는 신문·잡지·서적과 같은 ___(2)___ , 라디오와 같은 ___(3)___ , 텔레비전이나 영화와 같은 ___(4)___ 로 나눌 수 있습니다. 이런 전통적인 매체들은 소식을 전하는 사람과 그 소식을 듣는 사람이 따로 나뉘어 있습니다. 그러나 새롭게 등장한 인터넷 같은 ___(5)___ 는 소식을 전하는 사람과 그 소식을 받는 사람 사이에서 의사소통이 이루어지는 쌍방향(양쪽이 서로를 향하는 것) 매체입니다.

(1) ㄷ 주 매 체

(2) ㅇ ㅅ 매 체

(3) ㅇ 성 매 체

(4) 영 ㅅ 매 체

(5) ㅈ 자 매 체

5 무슨 낱말일까요?

빈칸에 알맞은 낱말을 넣어 문장을 완성하세요.

(1) 요즘은 휴대 전화에 | ㅈ | ㄷ | 된 사람이 많다.

    * 어떤 것을 즐겨 하던 습관이 몸에 배어 그것을 정상적으로 판단할 수 없는 상태.

(2) 지진이 일어나면 어떻게 | ㄷ | ㅍ | 해야 하는지 알아보자.

    * 위험이나 해를 입지 않도록 일시적으로 피함.

(3) 영상에 | ㅈ | 막 | 이 없으니 내용을 알아들을 수 없다.

    * 영화나 텔레비전에서 관객이나 시청자가 읽을 수 있도록 화면에 비쳐 보이는 글자.

(4) 요즈음 텔레비전 뉴스에는 | | 어 | 를 하시는 분이 자주 나오신다.

    * 청각 장애인과 언어 장애인들 사이에서 쓰이는 몸짓과 손짓에 의한 의사 전달 방법.

(5) 아쉽게도 이 약수터의 물은 | 시 | ㅅ | 로 적합하지 않다고 한다.

    * 마실 수 있는 물.

(6) 은영이는 노래를 부르며 | 사 | | 자 | 사 | | 자 | 산길을 걸었다.

    * 별로 힘들이지 않고 가볍게 행동하는 모양.

(7) 그 나라 국민들은 아직도  때문에 고통을 겪고 있다.

    * 나라 안에서 일어나는 전쟁.

(8) 이 주스는 건강에 좋은 여러 영양소를 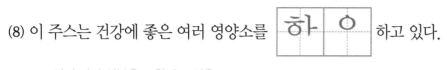 하고 있다.

    * 무엇이 어떤 성분을 포함하고 있음.

(9) 우리나라에도 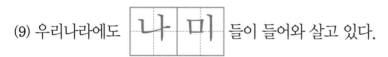 들이 들어와 살고 있다.

    * 전쟁이나 자연재해 등 불행한 일을 겪어 다른 나라로 피해 있는 사람.

(10) 담배에는 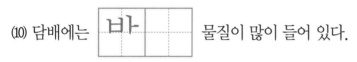 물질이 많이 들어 있다.

    * 암이 생기게 함.

(11) 아직도 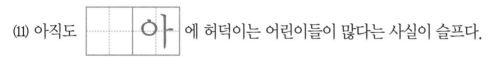 에 허덕이는 어린이들이 많다는 사실이 슬프다.

    * 먹을 것이 없어 굶주림.

(12) 세계 어린이들을 돕는 유니세프도 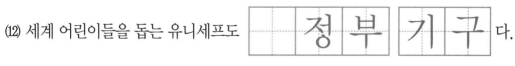 다.

    * 정부와 관계가 없이 민간(일반 사람들)에서 만든 기구.

(13) 한국 전쟁 때 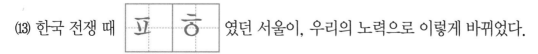 였던 서울이, 우리의 노력으로 이렇게 바뀌었다.

    * 건물, 성 따위가 파괴되어 못 쓰게 된 터.

6 동형어

 다음 문장을 읽고 괄호 안에 공통으로 들어갈 낱말을 쓰세요.

(1)
ㅎ	워

① 부모님께서는 유니세프를 (　　　)하신다.

　　＊ 뒤에서 도와줌.

② 시골 할아버지 댁엔 (　　　)이 있다.

　　＊ 집 뒤에 있는 작은 정원.

(2)
ㄷ	ㄱ

① 자동차가 많아지면서 (　　　) 오염이 심각해졌다.

　　＊ 지구를 둘러싸고 있는 기체.

② 이 식당에는 (　　　)하는 사람들이 늘 긴 줄을 선다.

　　＊ 어떤 시간이나 기회가 오기를 기다림.

(3)
ㄱ	ㅎ

① 전쟁터에서 의사들이 (　　　)에 나섰다.

　　＊ 어려움에 처한 사람들을 도와 보호함.

② 광화문 광장에 모인 사람들이 (　　　)를 외쳤다.

　　＊ 집회나 시위 등에서 어떤 요구나 주장 따위를 나타내는 간결한 말.

(4)
ㅅ	ㅅl

① 이 강에는 수달이 (　　　)하고 있다.

　　＊ 생물이 어떤 곳의 환경에 적응해 삶.

② 편지는 (　　　)에 맞추어 써야 한다.

　　＊ 글이나 서류를 만들 때 따라야 할 방식.

7 비슷한말, 반대말

밑줄 친 낱말의 비슷한말이나 반대말을 빈칸에 쓰세요.

(1)
- 내 말의 뜻을 <u>이해</u>하겠지?
- 지현이는 내 말을 [반][ ][해]해 화를 냈다.

(2)
- 이 과자는 <u>수요</u>가 점점 늘고 있다.
- 그러나 공장의 기계가 고장 나 [반][ㄱ][급]이 끊겼다.

(3)
- 우리 가족은 인천 <u>부두</u>에서 배를 타고 서해 작은 섬으로 놀러갔다.
- 삼촌께서 부산 [비][하][ㄱ]에 도착했다고 전화를 하셨다.

(4)
- 일제 강점기에 일본이 우리 선조들을 <u>억압</u>한 것을 생각하면 무척 슬프다.
- 그 [비][타][아]에서 벗어나기 위해 많은 사람이 피를 흘렸다.

(5)
- 경찰이 순식간에 그 지역을 <u>점령</u>했다.
- 사람들이 광화문 광장을 [비][저][ㄱ]하고 구호를 외쳤다.

(6)
- 민수는 여러 가지 방법 가운데 어떤 것을 <u>선택</u>할지 고민했다.
- 선생님은 두 방법 가운데 지영이가 말한 것을 [비][ㅊ][ㅌ]하셨다.

8 '공공'과 '공중'과 '공익'

 다음 뜻을 보고, 괄호 안에 알맞은 낱말을 쓰세요.

공공	: 사회 일반 사람에게 공동으로 속하거나 두루 관계되는 것.
공중	: 사회의 여러 사람. 일반 사람들.
공익	: 공동의 이익.

(1) 철도, 우편, 전기, 수도 등을 사용하고 내는 돈을 (   )요금이라고 한다.

(2) 여러 사람이 함께 이용하도록 만들어 놓은 화장실을 (   )화장실이라 한다.

(3) 대중의 이익을 위해 널리 알리는 것을 (   ) 광고라고 부른다.

자부심	: 자기의 능력을 자랑스럽게 여기는 마음.
자존심	: 남한테 굽히지 않고 스스로를 높이는 마음.
자만심	: 스스로 대단하다고 여겨 잘난 척하는 마음.

(4) 한글은 가장 과학적이고 창의적인 문자다. 우리는 한글에 대해 (   )을 가져도 좋다.

(5) 잘났다고 (   )을 부리면 남들이 싫어한다.

(6) 진영이는 (   )이 강해서 절대 잘못을 인정하지 않는다.

9 낱말 뜻풀이

빈칸에 알맞은 낱말을 넣어서 밑줄 친 말의 뜻을 풀이하세요.

(1) 방학 때 제주도에서 본 주상 절리가 아직도 잊히지 않아.

* 주상 절리: 마그마가 식으면서 수축하여 생기는 | ㄱ | 두 | 모양의 금.

(2) 휴전선 근처엔 아직도 지뢰가 많이 남아 있다.

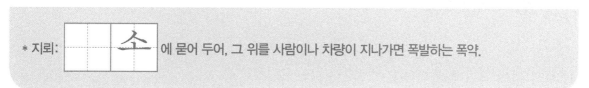

* 지뢰: | | 소 | 에 묻어 두어, 그 위를 사람이나 차량이 지나가면 폭발하는 폭약.

(3) 비행기가 추락하면서 사상자가 200여 명이나 발생했다.

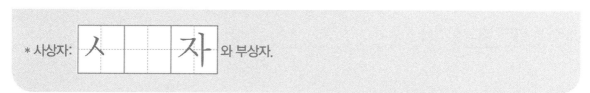

* 사상자: | ㅅ | | 자 | 와 부상자.

(4) 독도에는 접안 시설이 있다.

* 접안: 배를 | 유 | ㅈ | 에 댐.

(5) 올여름에 익사한 사람이 80명이나 된다.

* 익사: | | 에 빠져 죽음.

(6) 우리나라 기후가 점점 아열대화되고 있다.

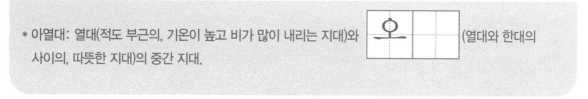

* 아열대: 열대(적도 부근의, 기온이 높고 비가 많이 내리는 지대)와 | 오 | | (열대와 한대의 사이의, 따뜻한 지대)의 중간 지대.

10 폭발

폭발 [폭빨]	받침 'ㄱ(ㄲ, ㅋ, ㄳ, ㄺ), ㄷ(ㅅ, ㅆ, ㅈ, ㅊ, ㅌ), ㅂ(ㅍ, ㄼ, ㄿ, ㅄ) 뒤에 오는 'ㄱ, ㄷ, ㅂ, ㅅ, ㅈ'은 된소리(ㄲ, ㄸ, ㅃ, ㅉ)로 발음합니다. 따라서 '폭발'은 [폭빨]로 소리 납니다.

밑줄 친 낱말을 소리 나는 대로 쓰세요.

(1) 우리 편이 경기에 져서 마음이 착잡하다.   [   ]

(2) 아침 일찍 학교에 갔다.   [   ]

(3) 방 한가운데에 밥상이 놓여 있다.   [   ]

(4) 신영이는 살을 빼기 위해 군것질을 끊기로 결심했다.   [   ]

(5) 시골에 가서 할머니도 뵙고 마음껏 뛰놀다 오니 기분이 좋아졌다.   [   ]

(6) 선생님께서 가족 신문 만들기 숙제를 내주셨다.   [   ]

(7) 내 동생은 노래를 곧잘 한다.   [   ]

11 바르게 쓰기

잘못 쓴 낱말에 밑줄을 긋고 바르게 고쳐 쓰세요.

(1) 내리던 비가 금새 멈췄다.

_____

(2) 동규는 친구들과 함께 영상 촬영 계획을 세웠다.

_____

(3) 빠진 내용을 보안하여 다시 제출하라고 선생님께서 말씀하셨다.

_____

(4) 우리 주변에서 일어나는 교통사고 사레를 조사해 보았다.

_____

(5) 사회적 목적을 위해 조직적, 지속적으로 하는 운동을 켐페인이라고 한다.

_____

(6) 여름에 어폐류를 잘못 먹으면 배탈이 날 수 있다.

_____

(7) 이제는 감귤을 내륙에서도 제배할 수 있다.

_____

십자말풀이

낱말 뜻풀이를 읽고, 괄호 안에 들어갈 낱말을 빈칸에 넣어 십자말풀이를 완성하세요.

(1)
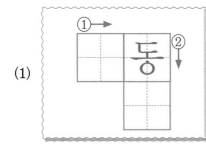

① 음악에 맞추어 몸을 움직이는 것.

② 어떤 모임이나 일에 같이 참가함.

① 우리는 음악에 맞추어 (　　　)을 했다.

② 전교생이 (　　　)하여 모금 운동을 성공적으로 끝냈다.

(2)
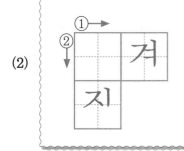

① 공정하지 못하고 한쪽으로 치우친 생각.

② 일정한 방침 아래 여러 재료를 모아 신문, 잡지, 책 따위를 만드는 일.

① 잘 알지도 못하면서 사람에 대해 (　　　)을 갖는 것은 옳지 않다.

② 지난 이틀 동안 (　　　)한 학급 신문이 내일 나온다.

(3)
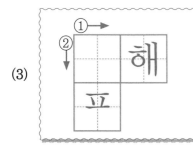

① 어떤 내용을 풀이한 그림.

② 여러 자료를 분석하여 그림으로 나타낸 표.

① 장영실은 발명품을 (　　　)로 설명해 보였다.

② 1년 동안 내린 비의 양을 한 달 단위의 (　　　)로 나타내어 보았다.

함께 연극을 즐겨요

연극 공연하는 과정

다음은 연극 공연하는 과정입니다. 빈칸에 알맞은 낱말을 쓰세요.

(1) 공연할 연극을 정하고 나면 가장 먼저 [ㅂ][여] 을 정해야 한다. 연극에 참여하는

[ㄱ][서][원] 수를 고려하여 정한다.

* 배우가 나누어 맡은 역할.
* 어떤 조직이나 단체를 이루고 있는 사람들.

(2) [ㄱ][ㅂ] 을 여러 번 반복해 읽으면서 실감 나게 연습한다.

* 연극이나 영화를 만들기 위해 쓴 글.

(3) 연극 공연에 필요한 무대, 의상, [ㅅ][ㅍ] 따위를 준비한다.

* 연극이나 영화 따위에서, 무대 장치나 분장에 쓰는 작은 도구를 통틀어 이르는 말. 🔵 소도구

(4) 공연 전에 무대에서 연습을 하고 전체적으로 [ㅈ][ㄱ] 한다.

* 자세히 검사함.

(5) [ㄷ][ㅈ][인][물] 의 성격을 살려 실감 나게 연극을 공연한다.

* 연극, 영화, 소설 따위에 나오는 인물.

2 연극

연극과 관계있는 낱말입니다. 빈칸에 알맞은 낱말을 쓰세요.

(1) 배우들의 ㄷ□ 를 들으면 사건의 흐름을 알 수 있다.

＊ 연극이나 영화 따위에서 배우가 하는 말.

(2) ㅈㅁ 에는 인물의 목소리나 행동이 자세히 나타난다.

＊ 대본에서, 인물의 동작, 표정, 감정, 말투 따위를 지시하는 글.

(3) 이 연극의 배경이 언제, 어디인지 ㅎㅅ 을 통해 알 수 있었다.

＊ 대본에서, 시간과 장소, 나오는 사람, 상황 따위를 알려 주는 글.

(4) 친구들이 서로 여ㅊ 을 맡으려고 난리를 피웠다.

＊ 연극에서, 대본을 바탕으로 배우의 연기, 무대 장치, 의상 따위를 종합적으로 지도하는 사람.

(5) 우리 모둠에서는 정진이와 진형이가 제ㅈㅈ 을 맡기로 했다.

＊ 연기자를 제외하고, 연극, 영화, 방송을 만드는 모든 사람.

(6) 이 부분에서는 천둥소리 ㅎㄱ음 을 넣는 게 좋겠다.

＊ 장면을 실감 나게 보여 주기 위해 넣는 소리.

3 누구일까요?

 설명을 읽고 빈칸에 알맞은 사람을 쓰세요.

(1)
요	으

은 토끼에게 간을 달라고 하였다.

* 바닷속 용궁에 살며 바다를 다스리는 임금.

(2)
이번 연극은
ㅇ		ㅈ

들의 노력이 빛났다.

* 영화나 연극에서, 무대에 올라 맡은 역할의 성격, 대사, 행동 따위를 표현하는 사람.

(3)
이번에 아버지께서
	자

이 되시는 바람에 축제를 준비하셔야 한다.

* 행정구역(도·시·군 등)의 하나인 '이'를 대표하여 일을 맡아보는 사람.

(4)
놀라운 일이 벌어져서 아버지는
ㄱ	

에게 전화를 거셨다.

* 신문, 잡지, 방송 따위에 실을 기사를 취재하거나 쓰거나 편집하는 사람.

(5)
경찰이 범인을 놓치자
경	찰	ㅅ	ㅈ

이 주민들에게 사과했다.

* 경찰서의 최고 위치에서 경찰서의 모든 일을 지휘, 감독하는 사람.

(6)
놀이터에서는 아이들이 저마다
ㄸ	ㄹ

끼리 어울려 논다.

* 나이나 수준이 서로 비슷한 무리.

4 무슨 낱말일까요?

설명을 읽고, 빈칸에 알맞은 낱말을 넣어 문장을 완성하세요.

(1) 나는 이야기가 어떻게 | ㅈ | ㄱ | 될 | 지 | 그림만 보고 예측해 보았다.

　　* 내용이 진행되며 발전하여 펼쳐질지.

(2) 노인은 배낭을 벗지도 않고 | 어 | 거 | ㅈ | 추 | 앉았다.

　　* 아주 앉지도 서지도 않고 몸을 반쯤 굽히고 있는 모양.

(3) 주인공에게는 | ㅈ | ㅁ | 을 더욱 밝게 비추기로 했다.

　　* 무대의 예술적인 효과를 높이기 위해 비추는 불빛.

(4) 정연이는 | ㅇ | 모 | 을 꾸어 잠에서 깨었다.

　　* 나쁘고 무서운 꿈.

(5) 네가 아무리 | 유 | ㅁ | ㅅ | 를 타고 있다고 해도 거짓말을 해서는 안 돼.

　　* 세상에 이름이 널리 알려진 탓으로 겪는 어려움이나 불편을 비유하여 이르는 말.

(6) 현수가 | ㄷ | ㅈ | 하자 윤주는 | ㅌ | ㅈ | 했다.

　　* 연극 무대에서 인물이 무대에 나옴.
　　* 연극 무대에서 인물이 무대 밖으로 나감.

(7) 이순신 장군이 외쳤다. "모두 왜놈들을 향해 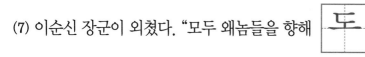 !"

     * 거침없이 세차게 나아감.

(8) 너무 시끄럽잖아. 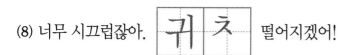 떨어지겠어!

     * 귓구멍 안쪽에 있는 막. 공기의 진동을 귀 안쪽으로 전달하여 소리를 듣게 한다. 🐷 고막

(9) 친구들까지 날 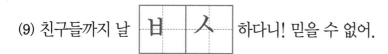 하다니! 믿을 수 없어.

     * 믿음이나 의리를 버림.

(10) 무슨 말을 하려고 그렇게 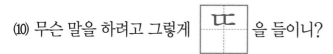 을 들이니?

     * 음식을 찌거나 삶고 나서 불을 끈 뒤에 한참 그대로 두어 푹 익히는 일. 여기서는 무슨 일이나 말을 할 때, 한동안 가만히 머뭇거리는 행동을 비유적으로 나타내는 말로 쓰인다.

(11) 이건 아주 위험한 일이야. 네 안전을 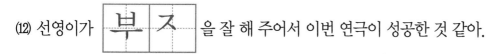 할 수 없어.

     * 어떤 일이 이루어지도록 약속하거나 보호함.

(12) 선영이가 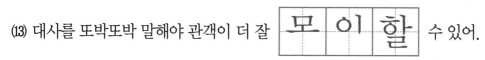 을 잘 해 주어서 이번 연극이 성공한 것 같아.

     * 등장인물의 성격, 나이, 특징 따위에 맞게 배우를 꾸미는 것.

(13) 대사를 또박또박 말해야 관객이 더 잘 모 이 할 수 있어.

     * 깊이 빠져들.

5 '째'와 '채'

다음 뜻을 보고, 괄호 안에 알맞은 낱말을 쓰세요.

째	: '그대로', '전부'의 뜻을 더하는 말. 앞말과 붙여 쓴다.
채	: '그대로 있으면서'의 뜻을 나타내는 말. 앞말과 띄워 쓴다.

(1) 동생은 피곤했는지 옷도 갈아입지 않은 (   ) 잠들어 버렸다.

(2) 우리는 사과를 깨끗이 씻어서 껍질(   ) 먹었다.

해진	: 해어진(닳아서 떨어진)'의 준말.
헤진	: 헤어진(맺었던 관계를 끊고 갈라선)'의 준말.

(3) 윤정이와 성균이가 (   ) 지 얼마나 되었지?

(4) 할아버지는 (   ) 옷에, 커다란 배낭을 메고 걸어가셨다.

새웠다	: 한숨도 자지 않고 밤을 지샜다.
세웠다	: 물건을 똑바로 위를 향하여 곧게 하였다.

(5) 성은이는 떠오르는 태양을 보기 위해 밤을 (   ).

(6) 정혜는 쓰러져 있던 막대를 똑바로 (   ).

동형어

 글자의 모양이나 소리는 같지만 뜻이 다른 낱말이 있습니다. 빈칸에 공통으로 들어갈 낱말을 쓰세요.

(1)

① 별(　　　)는 자리를 말한다.

* 조선 시대에, 관청의 문서를 맡아 관리하던 벼슬.

② 직장에 다니던 이모는 아기를 낳으면서 (　　　)가 되셨다.

* 한 가정의 살림살이를 맡아 꾸리는 사람.

(2)
ㅅ ㅅ

① 삼촌은 가을에 결혼한다는 (　　　)을 전화로 전하셨다.

* 사람의 안부나 상황을 알리는 말이나 글.

② 누나는 살을 빼기 위해 (　　　)을 하기로 했다.

* 음식을 적게 먹음.

(3)
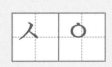

① 어머니 생신에 무엇을 해 드릴지 누나와 (　　　)해 보았다.

* 어떤 일에 대해 서로 의견을 주고받는 일.

② 주엽아, (　　　)에 김칫국물이 튀었어.

* 윗옷(위에 입는 옷).

(4)

① 이것은 (　　　)을 만드는 고급 실입니다.

* 명주실로 짠, 윤이 나는 옷감.

② 그곳에서 탈출한 것은 (　　　) 나 혼자만이 아니었다.

* '아니다' 같은 말 앞에서, '다만', '오직'의 뜻으로 쓰이는 말.

7 무슨 뜻일까요?

🐱 **밑줄 친 말의 알맞은 뜻을 찾아 번호를 쓰세요.**

(1) 어느 한적한 마을에 배낭을 멘 노인이 나타났다.　　　　　(　　)

　① 사람들이 어수선하게 모여 떠들어 시끄러운.

　② 한가하고 고요한.

(2) 별 까닭 없이 화를 내는 성규를 보며 친구들은 모두 어안이 벙벙했다.　　(　　)

　① 뜻밖의 일에 놀라거나, 기막힌 일을 당하여 어리둥절했다.

　② 뜻밖의 일을 겪어 화를 내었다.

(3) 나쁜 꿈을 꾸는지 동생이 자면서 자꾸 몸을 뒤척인다.　　　(　　)

　① 이리저리 뒤집는다.

　② 움츠러들인다.

(4) 사자가 빠져나가려고 버둥거리다가 잠잠해지자 사냥꾼이 풀어 주었다.　(　　)

　① 몹시 거칠고 사나워지자.

　② 조용하고 가만히 있자.

(5) 현수는 지금 아파요. 춤을 추라고 부추기지 마세요.　　　(　　)

　① 어떤 일을 하도록 자꾸 조르고 권하지.

　② 윗사람이 아랫사람에게 무엇을 하도록 시키지.

(6) 윌버가 동작을 할 때마다 친구들은 환호를 보내며 분위기를 고조시켰다.　(　　)

　① 태도나 분위기 따위를 차갑게 했다.

　② 감정, 분위기 따위를 더 높아지게 했다.

무엇일까요?

 다음 그림과 설명을 보고 알맞은 낱말을 쓰세요.

(1)

바느질을 하는 기계.

ㅈ	보	틀

(2)

소나 말 따위의 가축에게 먹이를 담아 주는 그릇.

ㄱ	ㅇ	

(3)

짐승을 가두어 기르는 곳.

ㅇ	ㄹ	

(4)

닭을 가두어 기르는 곳.

닭	ㅈ	

(5)

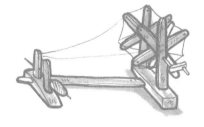

솜이나 털 따위에서 실을 만드는 기구.

무	ㄹ	

(6)

밀이나 보리의 짚으로 만들어 쓰는 모자. 주로 여름에 쓴다.

미	지	모자

1 법

법과 관계있는 낱말입니다. 설명을 읽고 빈칸에 알맞은 낱말을 쓰세요.

(1) 현재 실제로 적용되고 있는 법.

(2) 사람은 아니지만 사람처럼 법적 권리와 의무를 지니는 단체.

(3) 국회에서 법을 만들어 정하는 일.

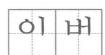

(4) 제도나 법을 만들어 정하는 것.

(5) 법률에 따라 판결을 해 달라고 법원에 요구하는 것.

(6) 요구한 안건을 법원이 받아들이지 않는 것.

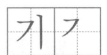

(7) 죄나 잘못이 있는 사람에게 주는 벌.

2 -류

다음 글자가 들어간 낱말을 빈칸에 알맞게 쓰세요.

(1) **-류(流)** : '계층'의 뜻.

① 우리나라는 작을지 몰라도 우리 문화는 세계 _____ 다.

*어떤 분야에서 가장 훌륭한 위치나 계층.

ㅇ		

② 내 글을 _____ 소설이라고 비웃어도 좋아.

*어떤 분야에서 가장 낮은 위치나 계층.

ㅅ		

(2) **-기(記)** : '기록'의 뜻.

① 정민이는 걸리버 _____ 를 읽었다.

*돌아다니면서 보고, 듣고, 느끼고, 겪은 것을 적은 글.

ㅇ	ㅎ	

② 윤지는 이순신 장군 _____ 를 읽었다.

*한 사람의 일생을 적은 기록.

이	ㄷ	

(3) **-력(力)** : '힘'의 뜻.

① 일본은 _____ 을 앞세워 우리나라에 쳐들어왔다.

*병사, 무기를 바탕으로 하는 군사적인 힘.

ㅁ		

② 우리나라는 땅은 작지만 _____ 은 강하다.

*자본을 쌓아 놓은 정도나 물건을 생산할 수 있는 힘.

ㄱ	제	

③ 할머니는 현재의 _____ 만으로도 살 수 있다고 하셨다.

*가지고 있는 물건이나 재산의 힘.

무	질	

④ 주장에 알맞은 근거를 제시하면 _____ 이 높아진다.

*상대편에게 잘 설명하고 이해시켜서 따르게 하는 힘.

ㅅ	ㄷ	

3 누구일까요?

 다음 설명에 맞는 사람을 쓰세요.

(1) 연극이나 영화에서 주인공 역을 맡아 연기하는 사람.

주	ㅇ

(2) 지식이 있고 행동과 예절이 바르며 의리와 원칙을 지키는 사람.

서	비

(3) 아내와 자식을 아울러 이르는 말.

ㅊ	ㅈ

(4) 같은 나라 또는 같은 민족의 사람을 다정하게 이르는 말.

ㄷ	ㅍ

(5) 말고삐(말에 매어서 끄는 줄)를 잡고 끌거나 말 뒤를 따르는 하인.

ㅁ	ㅂ

(6) 임금이 있는 나라에서, 가장 높은 벼슬에 있는 신하.

ㄷ	ㅅ

(7) 적으로서의 일본이나 일본인.

ㅇ	저

(8) 관청에서 나랏일을 맡아보는 사람. 🔁 벼슬아치

과	원

(9) 대한민국 국민은 누구나 | ㅈ | ㅇ | 인 | 으로서 권리와 의무를 갖는다.

* 법률에서 권리와 의무의 주체가 되는 개인.

(10) 국가는 | 시 | 지 | 자 |를 지원하기 위해 노력하고 있다.

* 직업을 잃은 사람.

(11) 연암 박지원은 조선 후기의 대표 | 시 | 하 | 자 |다.

* 조선 시대에, 실생활에 쓸모 있는 학문을 주장했던 사람을 이르는 말.

(12) | ㄴ | ㄹ |, 오늘은 어디로 모실까요?

* 지위가 높거나 권력이 있는 사람을 높여 부르는 말.

(13) 임금과 | 자 | 사 |들이 모여 큰 잔치를 벌였다.

* 장수(군사를 다스리는 관리)와 재상(임금을 도와 벼슬아치를 지휘하던 관리)을 함께 이르는 말.

(14) 분하다. 우리 왕이 | ㅇ | ㄹ | 캐 |에게 머리를 숙이다니.

* 언어나 풍습이 다른 민족을 낮추어 이르는 말.

(15) 갑자기 비가 많이 내려 | ㅇ | ㅅ | 자 |가 스무 명이나 발생했다.

* 물에 빠져 죽은 사람.

4 어디일까요?

 **설명을 읽고, 빈칸에 알맞은 장소를 쓰세요.**

(1) 삼촌은 지난여름에 **ㅁ ㄹ ㅈ 성** 에 다녀오셨다.

　　* 중국 북쪽에 있는 성. 중국 진나라 때에 시황제가 완성하였다. 길이가 약 2,700km에 이른다.

(2) 화가 난 임금은 문을 벌컥 열고 **구 ㅅ** 을 빠져나갔다.

　　* 궁궐 안에 있는 방.

(3) 이 궁궐은 **ㅇ ㅂ 궁** 을 흉내 내어 지었다.

　　* 중국 진나라의 시황제가 세운 궁전. 무척 크고 화려하다.

(4) 경복궁 안에는 '경회루'라는 멋진 **ㄴ 가** 이 있다.

　　* 사방을 볼 수 있도록 문과 벽이 없이 높이 지은 집.

(5) 이 **ㅅ 차** 은 무척 웅장하다.

　　* 스님이 불상을 모시고 불교의 도를 닦는 집. ⑪ 절

(6) 어떤 남자가 **ㅂ ㄷ** 를 산책하다가 바다에 빠졌다.

　　* 배에서 사람과 짐이 오르내리도록, 배를 댈 수 있게 만들어 놓은 곳.

5 동형어

 괄호 안에 공통으로 들어갈 낱말을 빈칸에 쓰세요.

(1)

야	시

① 김구는 새로운 정치 (   )을 주장하였다.

    ＊ 일정한 모양이나 형식.

② 오늘은 한식, 중식, (   ) 가운데 무엇을 먹을래?

    ＊ 서양식 식사.

(2)

	인

① 그분은 덕이 많아서 살아 있는 (   )이라고 불린다.

    ＊ 지혜와 덕이 매우 뛰어나 우러러 본받을 만한 사람.

② 나는 (   )이 되면 독립해서 혼자 살 거야.

    ＊ 자라서 어른이 된 사람.

(3)

ㅅ	ㄹ

① (   )를 들어 주장을 뒷받침하면 더욱 믿음이 커진다.

    ＊ 구체적인 실제의 예.

② 밥을 먹을 때 트림을 크게 하는 건 (   )야.

    ＊ 말이나 행동이 예의에 벗어나는 것.

(4)

ㅇ	ㅅ

① (   )에서 살펴본 바와 같이 환경 오염이 무척 심각하다.

    ＊ 이제까지 앞에서 말하거나 이야기한 내용.

② (   )을 현실로 만들려면 열심히 노력해야 한다.

    ＊ 가장 완전하다고 여겨지는 상태.

6 무슨 낱말일까요?

설명을 읽고, 빈칸에 알맞은 낱말을 넣어 문장을 완성하세요.

(1) 선생님께서 | 호 | ㅇ | 인 | 간 | 의 뜻을 설명해 주셨다.

　　　* 널리 인간을 이롭게 함. 단군이 나라를 세울 때 내세운 이념.

(2) 영감은 | ㅅ | 해 | 길 | 에서 큰 병에 걸렸다.

　　　* 사신(국가나 임금의 명령을 받고 외국에 가는 신하)이 임무를 수행하기 위해 떠나는 길.

(3) 선생님은 | ㅎ | 기 | 를 띤 얼굴로 나에게 물어보셨다.

　　　* 따뜻하고 부드러운 기운.

(4) 학교 폭력 피해자들은 가해자의 | ㅂ | 보 | 이 두려워 신고를 꺼렸다.

　　　* 남이 자기한테 끼친 해를 그대로 나쁘게 갚는 것.

(5) 성은이는 자기만 아는 | ㄱ | ㅇ | ㅈ | 의 | 자 | 다.

　　　* 사회나 국가 같은 집단보다 개인의 존재와 가치, 권리, 자유 따위를 먼저 생각하는 사람. 여기서는 이기주의자
　　　　(다른 사람이나 사회의 이익을 무시하고 자신만의 이익을 추구하는 사람)와 혼동하여 쓰는 말.

(6) 올해는 풍년이 들어 | 오 | ㄱ | 백 | ㄱ | 가 풍성하다.

　　　* 온갖 곡식과 과일.

(7) 로봇에게 ┌─┬─┐
              │ㅅ│ㄱ│ 을 부과하자고 주장하는 사람도 있다.
              └─┴─┘

  * 국가나 지방 단체가 쓸 돈을 마련하기 위해 국민에게서 거두어들이는 돈.

(8) 내가 로봇을 만들어 판다면 그것을 처음 설계한 사람에게 ┌─┬─┐
                                                            │ㅌ│ㅎ│ 사용료를 내야
                                                            └─┴─┘
한다.

  * 새로 발명한 것에 대한 권리를 독차지할 수 있는 권리.

(9) 나는 성공해서 부모님을 ┌─┬─┐
                            │ㅎ│ㄱ│ 시켜 드리고 싶다.
                            └─┴─┘

  * 사치스러울 정도로 화려하고 편안한 삶을 누리는 것.

(10) 밤새 비가 내려 산길이 ┌─┬─┐
                           │지│차│ 이 되었다.
                           └─┴─┘

  * 물기가 많아 땅이 질퍽질퍽하게 된 곳.

(11) 진영이는 꼬리를 잡아 본다며 소의 ┌─┬─┬─┐
                                       │꼬│ㅁ│ㄴ│ 를 따라다녔다.
                                       └─┴─┴─┘

  * 동물의 엉덩이 부분이나 곤충의 배 끝부분.

(12) 동생은 노래를 부르며 ┌─┬─┐
                          │ㅇ│야│ 을 떨었다.
                          └─┴─┘

  * 귀여움을 받으려고 하는 말이나 행동.

(13) 형은 거름을 ┌─┬─┬─┐
                 │삼│ㅌ│ㄱ│ 에 가득 담아 왔다.
                 └─┴─┴─┘

  * 흙, 쓰레기, 거름 따위를 담아 나르는 데에 쓰는 기구.

7 꾸미는 말

😊 **빈칸에 흉내 내는 말을 알맞게 찾아 쓰세요.**

(1) 낄낄거리며 웃던 장복이의 얼굴이 ⬜⬜ 진지해져 있었다.

   * 아주 딴판으로. 아주 다르게.

(2) 그렇게 힘든 일에 누가 ⬜⬜ 나서겠습니까?

   * 동작이 시원스럽고 빠른 모양을 나타내는 말.

(3) ⬜⬜ 비밀이 들통날까 나는 정민이에게 조용히 있으라고 했다.

   * 그럴 리는 없지만 만일에.

(4) 모두 안 가는데, 왜 너는 ⬜⬜ 일본으로 여행을 가겠다고 난리니?

   * 고집스럽게 일부러 애써.

(5) 사람들은 ⬜⬜ 어른이 되면 꿈을 잊고 살아간다.

   * 일반적인 경우에.

(6) 작년에만 해도 새끼였는데 이젠 ⬜⬜ 성견(다 자란 개) 느낌이 난다.

   * 수준이나 솜씨가 어느 정도 이르렀음을 나타내는 말.

보기　　굳이　　선뜻　　제법　　대개　　사뭇　　혹여

8 비슷한말, 반대말

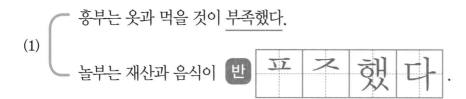

밑줄 친 낱말의 비슷한말이나 반대말을 빈칸에 쓰세요.

(1)
┌ 흥부는 옷과 먹을 것이 <u>부족했다</u>.
└ 놀부는 재산과 음식이 **반** | 프 | ㅈ | 했 | 다 |.

(2)
┌ 이몽룡과 성춘향은 동시에 <u>사랑</u>을 느꼈다.
└ 말다툼을 하는 동안 두 사람의 눈은 **반** | ㅈ | ㅇ | 로 가득했다.

(3)
┌ 아저씨는 학생들에게 빵을 <u>무료</u>로 나누어 주셨다.
└ 어른부터 **비** | 하 | ㄷ | 들까지 모여 공원을 가득 채웠다.

(4)
┌ 해방이 되어 <u>조국</u>에 돌아왔지만 남은 건 부서진 마을뿐이었다.
└ 박지원은 중국에 갔다가 무사히 **비** | ㄱ | ㄱ | 으로 돌아왔다.

(5)
┌ 네 삶의 <u>철학</u>이 무엇인지 얘기해 줄 수 있겠니?
└ 형과 나는 같은 집에서 자랐지만 **비** | ㅅ | ㄱ | 과 | 은 무척 다르다.

(6)
┌ 내년에 중학교에 들어갈 녀석이 아직도 <u>어리광</u>을 부리고 있네.
└ 동생은 할머니만 만나면 **비** | ㅇ | 서 | 을 부린다.

9 바꾸어 쓰기

다음 두 문장의 뜻이 같아지도록 빈칸에 알맞은 낱말을 쓰세요.

(1) ┌ 나는 우리나라를 처음 세운 조상을 인터넷에서 찾아보았다.

└ 나는 우리나라의 | 국 | 조 | 를 인터넷에서 찾아보았다.

(2) ┌ 우리가 불행한 것은, 남을 깊이 사랑하고 가엾게 여기는 마음이 부족하기 때문이다.

└ 우리가 불행한 것은, | ㅈ | ㅂ | 가 부족하기 때문이다.

(3) ┌ 조상들은 나라를 되찾기 위해 열심히 힘써 싸웠다.

└ 조상들은 나라를 되찾기 위해 열심히 | ㅌ | ㅈ | 했 | 다 |.

(4) ┌ 삼촌은 외국에서 건축 일을 하고 계신다.

└ 삼촌은 외국에서 건축에 | 조 | ㅅ | 하 | 고 | 계신다.

(5) ┌ 시장은 집을 잃은 사람들에게 음식을 내어 주었다.

└ 시장은 집을 잃은 사람들에게 음식을 | ㅈ | ㄱ | 했 | 다 |.

(6) ┌ 아저씨는 하루 만에 집 안의 벌레를 모조리 잡아 없애셨다.

└ 아저씨는 하루 만에 집 안의 벌레를 | ㅅ | 타 | 하 | 셨 | 다 |.

10 낱말 뜻풀이

(1) 미세 먼지로 <u>말미암아</u> 많은 환자들이 생겨났다.

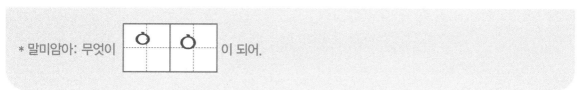

* 말미암아: 무엇이 ㅇ ㅇ 이 되어.

(2) 우리 학교는 미세 먼지 흡입 장치를 <u>완비하였다</u>.

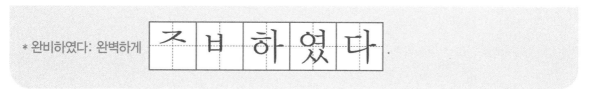

* 완비하였다: 완벽하게 ㅈ ㅂ 하였다.

(3) 사람들은 경제 발전을 위해 <u>삼림</u>을 훼손하고 있다.

* 삼림: 나무가 빽빽하게 자라는 ㅅ.

(4) 우리나라도 로봇 개발을 <u>촉진해야</u> 한다.

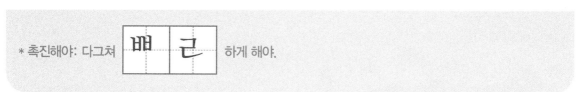

* 촉진해야: 다그쳐 ㅃ ㄹ 하게 해야.

(5) 무슨 일인지 사람들이 <u>저자</u>에 가득했다.

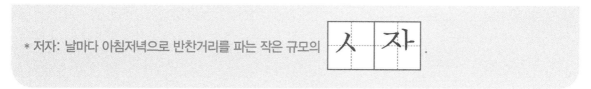

* 저자: 날마다 아침저녁으로 반찬거리를 파는 작은 규모의 ㅅ 자.

(6) 상대방의 논리가 완벽하여 나는 어떤 <u>반박</u>도 할 수가 없었다.

* 반박: 어떤 의견, 주장 따위에 ㅂ ㄷ 하여 말하는 것.

11 무슨 뜻일까요?

밑줄 친 낱말의 알맞은 뜻을 찾아 번호를 쓰세요.

(1) 이 운동의 목적은 협동심을 배양하는 것이다.　　　　　　　　　(　)

　　① 발전하도록 가르쳐 기르는.

　　② 줄이는.

(2) 일본군을 바라보는 군인들의 눈빛이 무척 살벌했다.　　　　　　(　)

　　① 불쌍하고 슬펐다.

　　② 행동이나 분위기가 거칠고 무시무시했다.

(3) 양치기 소년은 거짓말을 일삼았다.　　　　　　　　　　　　　(　)

　　① 재미있게 생각했다.

　　② 어떤 일을 계속했다.

(4) 집안이 불화하면 밖에서 하는 일도 잘 풀리지 않는다.　　　　　(　)

　　① 서로 사이좋게 지내지 못하면.

　　② 편하지 않으면.

(5) 경은이는 핵무기를 도입해야 한다는 어처구니 없는 말을 하고 있다.　(　)

　　① 새로 들여와야.

　　② 만들어야.

(6) 현수는 선생님의 말씀을 곱씹어 보았다.　　　　　　　　　　　(　)

　　① 처지를 바꾸어 생각해.

　　② 말이나 생각을 곰곰이 되풀이해.

12 십자말풀이

가로 열쇠와 세로 열쇠를 잘 읽고, 빈칸을 채우세요.

		(1)	여		(9)인
	(2)사			(8)	
	(3)용				
(4)		(7)			
	(6)				(10)
				(11)	명
(5)			(12)		

가로 열쇠

(1) 사람에게 권리, 명예, 임무 등을 주는 것.
  예 선생님은 나에게 반장의 임무를 ○○
  하셨다.
(2) 애가 타듯 생각하며 그리워함.
(3) 임금이 일을 할 때 앉던 평상.
(4) 아기를 갓 낳은 여자.
(5) 일에 방해가 되는 장애물을 비유적으로
  이르는 말.
(6) 무대를 비추는 빛.
(7) 진행을 맡아보는 사람.
(8) 한 주제에 대해 모여서 의논하는 것.
(11) 까닭이나 내용을 풀어서 밝힘.
(12) 다른 것을 그대로 따라하는 것.

세로 열쇠

(1) 아버지와 어머니.
(2) 무엇에 대해 가지는 구체적인 생각.
(3) 사람의 얼굴 모양.
(4) 산속에 사는, 지혜와 용기가 뛰어난 사람
  이라는 뜻으로, 호랑이를 이르는 말.
  예 ○○○○이라 하는 호랑님의 생일.
(6) 작고 동글동글한 돌.
(7) 맡은 임무.
(8) 토론하는 사람.
(9) 어질고 의로움.
(10) 진실인지 아닌지 증거를 들어서 밝힘.
  예 네 말이 사실인지 아닌지 ○○해 봐.
(11) 구속이나 억압에서 벗어남.

제 **6** 과 정보와 표현 판단하기

1 광고

다음은 광고와 관계있는 문장입니다. 빈칸에 알맞은 낱말을 쓰세요.

(1) 광고는 짧은 시간에 정보를 전달해야 해서 | 이 | ㅅ | 깊게 표현해야 한다.

* 어떤 대상에 대하여 마음속에 새겨지는 느낌.

(2) 광고를 보고 그 안에 담긴 | ㅇ | ㄷ | 를 파악할 수 있어야 한다.

* 무엇을 하고자 하는 생각.

(3) 이건 자연환경을 지키자는 내용의 | ㄱ | ㅇ | 광고다.

* 사회 전체의 이익.

(4) 광고에 | | 자 | 된 내용을 실으면 안 된다.

* 사실보다 지나치게 부풀려서 나타냄.

(5) | ㅎ | ㅇ | 광고는 이곳에 신고해 주세요.

* 진실이 아닌 것을 진실처럼 꾸민 것.

2 과학 시간

 과학 시간에 배운 내용입니다. 다음 문장 속 빈칸에 알맞은 낱말을 쓰세요.

(1) 지구가 더워지면서 세계 곳곳의 ㄱ ㅎ 도 변하고 있다.

* 한 지역에서 여러 해에 걸쳐 나타난 날씨의 평균 상태.

(2) 우리나라는 올해 지구 오 화 때문에 태풍 피해를 많이 받았다.

* 지구의 기온이 높아지는 현상.

(3) 물은 ㅅ 씨 0도에서 얼고, 100도에서 끓는다.

* 1기압에서, 물의 어는 점을 0도, 끓는 점을 100도로 하여 그 사이를 백으로 나눈 온도 단위.

(4) 인간이 만든 ㅇ ㅅ 가 스 때문에 지구가 더워지고 있다.

* 지구의 대기를 오염시켜 지구를 점점 덥게 만드는 가스를 통틀어 이르는 말.

(5) 현재 기온을 알고 싶어 ㅅ ㅇ ㅈ 가 가리키는 눈금을 읽어 보았다.

* 수은이 들어 있는 온도계에서, 온도나 기압을 나타내는 수은 기둥.

(6) 선생님은 기상청에서 날씨 ㅇ ㅂ 를 어떻게 만드는지를 알려 주셨다.

* 앞으로 일어날 일을 미리 알리는 것.

3 무슨 낱말일까요?

설명을 읽고, 빈칸에 알맞은 낱말을 넣어 문장을 완성하세요.

(1) 나이로비에 대표들이 모여 세계의 환경을 개선하자는 [서 | ㅇ] 을 하였다.

     * 국가나 집단이 자기의 의견이나 주장 따위를 외부에 정식으로 밝히는 일.

(2) 우리나라와 중국은 평화 조약을 [ㅊ | 겨 | 했 | 다].

     * 계약, 조약(국가 사이의 권리와 의무를 법적으로 정한 것) 따위를 공식적으로 맺었다.

(3) 이 합의의 핵심은 지구의 기온 상승을 2도 아래로 [ㅇ | ㅈ] 하자는 것이다.

     * 정도나 한도가 넘어가려는 것을 억눌러 그치게 함.

(4) 무기 [가 | 추] 을 논의하기 위해 두 나라의 대표가 한곳에 모였다.

     * 덜어서 줄임.

(5) 가수는 관객들에게 감동을 [ㅅ | ㅅ | 했 | 다].

     * 선물해 주었다.

(6) 우리나라를 [개 | ㅂ | | ㄷ | 사 | 국] 으로 보는 나라는 없을 것이다.

     * 산업이나 경제 개발이 앞선 나라에 비해 뒤떨어진 나라.

(7) 나는 | 산 | | 를 식물로 알고 있었는데, 동물이라고?

* 깊이 100 ～ 300미터의 바다 밑에서 나뭇가지 모양으로 자라는 동물.

(8) 이 가방은 특수 | ㄱ | ㄱ | 을 하여 불이 붙지 않습니다.

* 원료나 재료에 기술과 힘을 들여 다른 물건을 만들거나 제품의 질을 높이는 것.

(9) 손에 | 혀 | ㄱ | 물질을 바르고 손 씻기 실험을 해 보았다.

* 어떤 물질이 특별한 빛을 받았을 때 나타내는 고유한 빛.

(10) 우리나라 제품을 쓰자는 분위기가 | 화 | ㅅ | 되고 있다.

* 널리 퍼짐.

(11) 성탄절을 앞두고 불우 이웃을 위한 | ㄱ | | 금 | 이 많이 모였다.

* 남을 돕거나 공공의 이익을 위한 일을 돕기 위해 대가 없이 내놓은 돈.

(12) 정부는 재래시장 이용을 | ㅇ | ㄷ | 하 | 고 | 있다.

* 사람이나 물체를 어떤 방향으로 이끌고.

(13) 현수는 우리가 화해하는 데에 | ㅊ | ㅁ | 제 | 역할을 해 주었다.

* 어떤 일을 하도록 이끌거나 변화하게 하는 계기(원인이나 기회)를 비유적으로 이르는 말.

4 지리적

地 理 的
땅 지 이치 리 무엇의 적

땅의 모양이나 길, 위치 따위와 관련한.

예) 이 건물은 <u>지리적</u> 조건이 무척 좋다.

 다음 설명을 읽고 '적(的)'이 들어간 낱말을 쓰세요.

(1) 이 글을 ㅂ ㅍ ☐ 시각으로 읽어 보아라.

* 옳고 그름 따위를 판단하는.

(2) '놀부' 하면 이기주의자를 떠올리는 것이 ㅂ 펴 ☐ 생각이다.

* 두루 널리 퍼져 있고 공통되는.

(3) 예빈이는 도 ㅂ ☐ 달리기 실력을 지녔다.

* 남이 감히 따를 수 없을 정도로 뛰어난.

(4) 그 신부님은 평생 ㅇ ㅌ ☐ 삶을 살다 돌아가셨다.

* 자기의 이익보다는 다른 사람의 이익을 먼저 생각하는.

(5) 싸우는 것 같지만 이게 우리의 일 ㅅ ☐ 대화 모습이다.

* 날마다 쉽게 볼 수 있는.

5 건강

 건강과 관계있는 문장입니다. 빈칸에 알맞은 낱말을 쓰세요.

(1) 독감이 유행할 때는 마스크를 쓰고 | 가 | 여 | 을 조심해야 한다.

    * 병균이나 병이 다른 생물체로 옮겨 가 퍼지는 것.

(2) 손을 자주 씻으면 손에 있는 | | 규 | 을 없앨 수 있다.

    * 눈으로 볼 수 없을 만큼 작고, 병을 일으키거나 무엇을 썩게 만드는 미생물.

(3) 윤지는 세균이 있는 음식을 먹고 | ㅈ | 염 | 에 걸려 병원에 다녀왔다.

    * 창자에 염증이 생겨 복통, 설사, 구토 따위의 증상이 생기는 병.

(4) 병에 걸리지 않으려면 평소에 운동을 해서 | | 력 | 을 키워야 한다.

    * 몸을 움직여 어떤 일을 할 수 있는 힘.

(5) 상한 음식을 먹으면 | 식 | ㅈ | ㄷ | 에 걸릴 수 있다.

    * 세균이나 독이 있는 음식을 먹어 복통, 설사, 구토 따위의 증상이 일어나는 병.

(6) | ㅅ | ㅂ | ㄹ | 나게 살면 정신도 건강해진다.

    * 신이 나서 어깨를 우쭐거릴 정도의 즐거운 기분.

6 -군

다음 글자가 들어간 낱말을 빈칸에 알맞게 쓰세요.

(1) **-군(軍)** : '군대'의 뜻.

① 삼촌은 군복을 입고 _____ 훈련에 나가셨다.

＊비상시를 대비하여 군대에서 제대한 사람들로 꾸린 군대.

② 올해도 _____ 이 불우이웃을 위해 모금을 하고 있다.

＊기독교의 한 집단으로, 봉사를 중요하게 여기는 군대식 조직.

예	ㅂ	

구	ㅅ	

(2) **-국(國)** : '나라'의 뜻.

① 김구는 우리나라가 문화 _____ 이 되길 바랐다.

＊다른 나라보다 정치, 경제, 문화 따위가 발전한 나라.

② 전쟁은 _____ 에만 피해를 주는 것이 아니다.

＊국제 사건에 직접 관계가 있는 나라.

서	ㅈ	

당	ㅅ	

(3) **-성(性)** : '성질'의 뜻.

① 표현의 _____ 을 판단하며 광고를 보았다.

＊꼭 알맞은 성질.

② 뉴스는 _____ 이 있는 정보를 전달해야 한다.

＊이치에 맞는 옳은 성질.

③ 이 자전거는 _____ 이 뛰어나 오래 탈 수 있다.

＊물질이 변하지 않고 오래 견디는 성질.

④ 현주는 사건의 _____ 을 모른 채 웃고 있었다.

＊어떤 일의 상태나 정도가 매우 심하거나 중요한 성질.

적	ㅈ	

타	ㄷ	

내	ㄱ	

시	가	

7 뉴스를 만드는 과정

다음은 뉴스를 만드는 과정입니다. 빈칸에 알맞은 낱말을 쓰세요.

(1) 사람들에게 어떤 내용을 알릴지 [ㅎ][ ] 한다.

＊ 여럿이 모여 의견을 주고받는 일.

(2) 알리려는 내용을 [ㅊ][ㅈ] 한다.

＊ 작품이나 기사를 쓰는 데에 필요한 자료나 재료를 수집하거나 조사하여 얻음.

(3) 뉴스 [ ][고] 를 쓴다.

＊ 인쇄하거나 발표하기 위해 쓴 글.

(4) 내용을 효과적으로 알릴 수 있게 뉴스 영상을 제작하고 [ㅍ][ㅈ] 한다.

＊ 영상이나 문서 따위를 작품으로 완성하는 일. 텔레비전에서는, 촬영한 영상을 재구성하는 일.

(5) 전하고 싶은 내용을 사람들에게 [ㅂ][ㄷ] 한다.

＊ 매체를 통해 사람들에게 소식을 알림.

8 비슷한말, 반대말

 밑줄 친 낱말의 비슷한말이나 반대말을 빈칸에 쓰세요.

(1)
    스마트 기계가 발달할수록 인간의 뇌는 퇴화할 것 같다.

    기술의 【반】 | ㅈ | 화 | 는 인간의 삶을 편하게 해 주었다.

(2)
    아주 뚜렷하고 확실한 것을 '명확하다'고 표현한다.

    표현이 명확하지 않아서 설명이 【반】 | ㅁ | ㅎ | 하 | 다 |.

(3)
    불은 잘 다루면 사람에게 도움을 주지만 잘못 다루면 큰 손해를 끼친다.

    음식물 쓰레기로 인해 생기는 경제적 【비】 | ㅅ | ㅅ | 이 어마어마하다.

(4)
    국제법으로 나라와 나라 사이에 맺는 약속을 '협정'이라고 한다.

    여러 나라가 파리에서 모여 기후 변화에 대한 【비】 | ㅎ | 야 | 을 맺었다.

(5)
    약속 시간이 지나도 은정이가 오지 않아 현성이는 지루하게 기다리고 있었다.

    손님이 없어 할머니는 【비】 | 무 | ㄹ | 하 | 게 | 앉아 계셨다.

(6)
    현정이는 물을 자주 마시는 편이다.

    비눗물을 묻혀 【비】 | ㅅ | ㅅ | 로 | 30초 동안 손을 씻어라.

9 낱말 뜻풀이

빈칸에 알맞은 말을 넣어서 밑줄 친 낱말의 뜻을 풀이하세요.

(1) 지구의 기온이 <u>산업화</u> 이전보다 많이 올랐다.

*산업화: 기술의 발달로 생산이 ㄱ ㄱ 화 되고, 경제가 도시로 집중한 사회.

(2) 이 환경 단체는 초등학생들에게 환경 교육을 하기 위한 <u>기금</u>을 마련하고 있다.

*기금: 어떤 목적을 위해 쓸 기본적인 ▢.

(3) 법은 <u>구속력</u>이 있지만 도덕과 예절은 그렇지 않다.

*구속력: 어떤 행동을 ㅈ ㅇ 롭 게 할 수 없도록 제한하는 힘.

(4) 이것은 새로 개발한 옷감을 사용한 <u>초경량</u> 옷입니다.

*초경량: 매우 ㄱ 운 무게.

(5) 어머니는 <u>자선냄비</u>에 만 원짜리 한 장을 선뜻 넣으셨다.

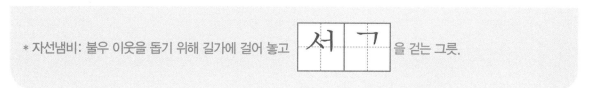

*자선냄비: 불우 이웃을 돕기 위해 길가에 걸어 놓고 ㅅ ㄱ 을 걷는 그릇.

(6) 형은 저녁밥을 먹고 난 뒤에 항상 <u>아령</u>을 들고 방에 들어간다.

*아령: 양손에 하나씩 들고 팔 우 을 하는 기구.

10 외국에서 들어온 말

빈칸을 채워 밑줄 친 낱말을 우리말로 풀어 쓰세요.

(1) 해마다 우리 마을에서 국제 탈춤 페스티벌이 벌어진다.

＊ 페스티벌: [ㅊ | ㅈ] .

(2) 아버지는 텔레비전으로 스포츠 뉴스를 보고 계셨다.

＊ 스포츠: [ㅇ | ㄷ] 경기.

(3) 메뉴판에는 먹고 싶은 음식이 한가득 적혀 있었다.

＊ 메뉴판: 식당에서 파는 음식의 [ㅈ | ㄹ] 와 가격을 적은 판.

(4) 이번 주 토요일 저녁 8시에는 ○○타워 광장에서 불꽃놀이 행사가 이루어질 예정입니다.

＊ 타워: [ㅌ] 처럼 높고 뾰족하게 만든 건물.

(5) 형은 스마트폰을 사자마자 잃어버렸다.

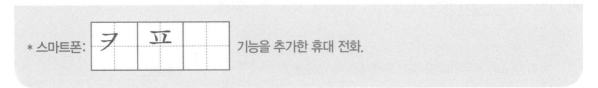

＊ 스마트폰: [ㅋ | ㅍ] 기능을 추가한 휴대 전화.

(6) 요즘은 마일리지를 모아 어려운 이웃을 돕기도 한다.

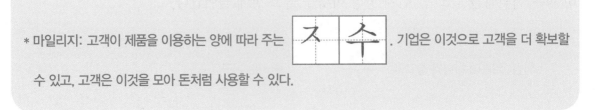

＊ 마일리지: 고객이 제품을 이용하는 양에 따라 주는 [ㅈ | ㅅ] . 기업은 이것으로 고객을 더 확보할 수 있고, 고객은 이것을 모아 돈처럼 사용할 수 있다.

11 바르게 쓰기

잘못 쓴 낱말에 밑줄을 긋고 바르게 고쳐 쓰세요.

(1) 10월 31일 할로윈에는 아이들이 이상한 옷을 입고 돌아다니며 음식을 얻어먹는다.

_____

(2) 손을 30초 동안 씻으면 병의 70퍼샌트는 예방할 수 있다.

_____

(3) 사람들에게 도움을 주는 엡도 많으니 잘 찾아서 내려받으렴.

_____

(4) 디지탈 기술이 발달하면서 사람들의 삶이 편해졌다.

_____

(5) 우리 학교의 왠만한 사람들은 나를 안다.

_____

(6) 뉴스는 나라 안밖의 사건과 사고 소식을 알려 준다.

_____

(7) 이곳에서는 등하교길에 교통사고가 자주 일어난다.

_____

제7과   글 고쳐 쓰기

1 한약

韓   藥
한국 한   약 약

우리나라 전통 의학에서 쓰는 약.

예) 어머니는 할머니께 <u>한약</u>을 지어 드리셨다.

다음 설명을 읽고 '약 약(藥)'이 들어간 낱말을 쓰세요.

(1) 새로 만들어 판매하는 약.

ㅅ	

(2) 약을 만드는 일.

ㅈ	

(3) 재료를 빻아 가루로 만들어 둥글게 빚은 한약.

환	

(4) 병이나 상처를 치료하기 위해 쓰는 것. 비 약품.

ㅇ		품

(5) 위급한 환자나 다친 사람을 치료할 때 쓰는 약.

ㄱ	ㄱ

(6) 아프거나 다치면 쓰려고 집에 항상 갖추어 놓는 약.

사	ㅂ	

2 문–

주어진 글자가 들어간 낱말을 빈칸에 알맞게 쓰세요.

(1) **문(文)–** : '글'의 뜻.

① '꽃이 피었다.'는 한 ______ 이다. [□ㅈ]

* 생각을 말이나 글로 표현할 때 정리된 뜻을 나타내는 말의 단위.

② 한 ______ 에는 중심 생각이 딱 하나만 있어야 한다. [□ㄷ]

* 긴 글에서 내용이나 형식을 중심으로 나눈 한 부분.

(2) **인(人)–** : '사람'의 뜻.

① 환경 파괴가 심해지면 ______ 가 멸종할 수도 있다. [□ㄹ]

* 동물의 한 종류로서 사람을 이르는 말.

② 둑이 무너지는 바람에 ______ 피해가 커졌다. [□ㅁ]

* 사람의 목숨.

(3) **–언(言)** : '말'의 뜻.

① '시간은 금이다'는 내가 제일 좋아하는 ______ 이다. [ㄱ□]

* 삶에 교훈을 주기 위해 짧게 나타낸 말.

② 혜연이는 고집이 세서 누구의 ______ 도 듣지 않는다. [ㅈ□]

* 도움을 주기 위해 하는 말.

(4) **–어(語)** : '말'의 뜻.

① 청소년들의 ______ 나 심한 줄임 말은 우리말을 해친다. [ㅇ□]

* 어떤 집단에 속한 사람들끼리만 알아듣도록 만든 말.

② 내가 한 ______ 가 다른 사람의 감정을 해칠 수 있다. [ㅂㅅ□]

* 점잖지 않고 상스러운 말.

3 병

 병과 관계있는 낱말입니다. 설명을 읽고 빈칸에 알맞은 낱말을 쓰세요.

(1) 위의 벽면이 헐어서 염증이 생기는 병.

(2) 먹은 음식물을 녹이기 위해 위에서 나오는 액체 물질.

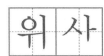

(3) 핏속에 적혈구(온몸으로 산소를 나르는 세포)가 모자란 상태.

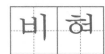

(4) 열이 나고 온몸에 좁쌀 같은 붉은 종기가 돋는 전염병.

(5) 근육이 갑자기 오므라들거나 심하게 떨리는 것.

(6) 병의 증상이 갑자기 심하게 일어나는 것.

(7) 폐, 신장 등에 균이 들어와 생기는 전염병. 기침이 심하고 가래에 피가 섞여 나오기도 한다.

(8) 머리가 아픈 증상.

(9) '거북목 | ㅈ | ㅎ | 군 |'은 현대인의 대표 질병 중 하나다.

* 어떤 질병이 두 가지 이상의 증상을 나타내는 것.

(10) 기침이 2주 이상 지속되면 | ㅎ | ㅎ | 기 | 질환을 의심해 봐야 한다.

* 숨을 내쉬거나 들이마시는 일을 맡은 기관.

(11) 약을 먹었더니 | ㅂ | ㅈ | 용 |으로 가려움증이 생겼다.

* 약이 지닌 작용 이외에 나타나는 작용. 대개 좋지 않은 경우를 이른다.

(12) 밥을 제때 먹지 않으면 | ㅇ | ㄱ | 양 |이 생길 수 있다.

* 위의 안쪽 면이 염증으로 상하여 움푹하게 패는 질환.

(13) 은서는 어릴 때 | 소 | ㅇ | ㅁ | ㅂ |를 앓아서 다리를 약간 전다.

* 어린아이에게 많이 일어나는 몸의 마비.

(14) 할머니께서는 독감 예방을 위해 | 백 | ㅅ |을 맞으셨다.

* 병을 예방하기 위해 주사기로 몸에 넣는 약.

(15) 태어난 지 15개월이 되면 | 풍 | ㅈ | 예방 접종을 해야 한다.

* 온몸에 붉은 종기가 나타났다가 2~4일이면 낫는 급성 피부 전염병.

4 호응

문장에서, 앞말과 뒷말이 자연스럽게 이어지는 것을 '호응'이라고 합니다. 다음 설명을 읽고, 물음에 답하세요.

---

1. 높임의 호응

예) 아버지께서 방에 들어갔다.(X) ⇒ 아버지께서 방에 들어가셨다.(O)

---

(1) 높임의 호응이 잘 이루어지도록 괄호 안의 낱말을 빈칸에 바꾸어 쓰세요.

① 어머니께서 낮잠을 [ ][ ][신][다]. (자다)

② 할아버지께서 점심을 [ ][ ][신][다]. (먹다)

---

2. 시간의 호응

예) 윤하는 요즘 태권도를 배웠다. (X) ⇒ 윤하는 요즘 태권도를 배운다.(O)

---

(2) 밑줄에 들어갈 낱말을 알맞게 짝지으세요.

① 나는 내일 밭에 배추를 _____ .   •   • 심었다

② 나는 어제 산에 나무를 _____ .   •   • 심는다

③ 나는 지금 정원에 꽃을 _____ .   •   • 심을 것이다

3. 주어, 목적어와 서술어의 호응

예) 경찰이 도둑을 잡혔다.(X) ⇒ 경찰이 도둑을 잡았다.(O)

　　도둑이 경찰에게 잡았다.(X) ⇒ 도둑이 경찰에게 잡혔다.(O)

(3) 밑줄 친 낱말을 호응에 맞게 고쳐 쓰세요.

① 뱀이 개구리를 잡아먹었다.
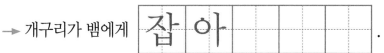
　➡ 개구리가 뱀에게 |잡|아| | | | .

② 현경이가 나의 마음을 **빼앗았다.**
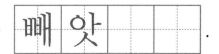
　➡ 나는 현경이에게 마음을 |빼|앗| | | .

4. 꾸며 주는 말과 서술어의 호응

예) 주연이는 약을 반드시 먹었다.(X) ⇒ 주연이는 약을 반드시 먹어야 한다.(O)

(4) 괄호 안의 낱말을 밑줄 친 낱말과 어울리게 고쳐 쓰세요.

① 만약 내일 비가  |온| | | 우리는 소풍을 갈 수 없다. (오다)

② 비록 키는  |작| | | 달리기는 내가 우리 반 일등이다. (작다)

③ 설령 준수가 보물을 |훔|쳤| | | 해도 나는 준수 편이다. (훔치다)

＊ 설령 : 사실인지 아닌지 모르지만, 사실이라고 생각하고.

5 무슨 낱말일까요?

설명을 읽고, 빈칸에 알맞은 낱말을 넣어 문장을 완성하세요.

(1) 건강하게 자라려면 | 여 | ㅇ | 소 | 를 골고루 섭취해야 한다.

　　* 생물이 영양을 얻는 물질. 단백질, 탄수화물, 지방, 비타민, 무기질 들이 있다.

(2) 노인에게 폐렴은 | ㅊ | 며 | 적 | 인 질병이다.

　　* 병이나 상처가 목숨을 잃을 만큼 아주 심한 것.

(3) 고추를 먹고 우유를 마시니 | 중 | ㅎ | 가 되어서 맵지 않다.

　　* 다른 성질을 가진 것들이 섞여서 자기 성질을 잃은 상태.

(4) 선균이는 | 여 | 랴 | 이 높은 과자를 많이 먹어서 뚱뚱해졌다.

　　* 어떤 음식을 먹었을 때, 그것이 몸속에서 힘으로 바뀌는 양.

(5) 생활 | ㅎ | ㅅ | 가 강으로 흘러들어 오염이 심각하다.

　　* 가정이나 공장 따위에서 쓰고 버린 더러운 물. 🔄 상수

(6) 이 제품은 | ㅇ | ㅌ | 기한이 매우 짧다.

　　* 상품이 생산자(물건을 만든 사람)에서 소비자(물건을 사는 사람)에게 옮겨지는 여러 단계의 활동.

(7) 주장하는 글을 쓸 때는  인 표현은 사용하지 않는 것이 좋다.

* 어떤 사실에 대해 딱 잘라 판단하거나 결정을 내리는 것.

(8) 한글은 우리의 소중한 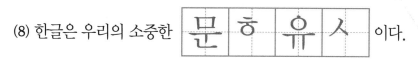 이다.

* 여러 문화 가운데 후손에게 물려줄 만한 가치가 있는 것.

(9) 우리가 낸 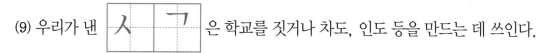 은 학교를 짓거나 차도, 인도 등을 만드는 데 쓰인다.

* 나라나 지방 자치 단체가 국민에게서 거두어들이는 돈.

(10) 아침밥은 장수의  조건이다.

* 꼭 필요로 하는 것.　　　　 * 장수: 오래 사는 것.

(11) 예부터 사람들은 인간의 권리를 찾기 위해 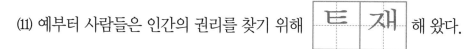 해 왔다.

* 어떤 목적을 이루기 위해 힘쓰거나 싸우는 일.

(12) 액자를 걸려고  벽에 못을 박았다.

* 시멘트에 모래와 자갈을 섞어서 물로 반죽한 것. 집을 짓거나 도로 등을 만드는 데 쓴다.

(13) 가전제품 사용 후, 플러그를 뽑지 않으면 전기가 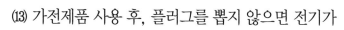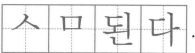.

* 사용되어 없어진다.

6 낱말 뜻풀이

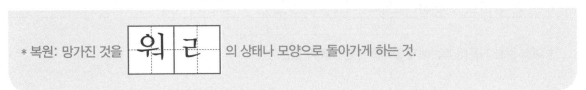 빈칸에 알맞은 말을 넣어서 밑줄 친 낱말의 뜻을 풀이하세요.

(1) 사람들의 환경오염으로 자연은 복원이 어려울 정도로 파괴되었다.

* 복원: 망가진 것을 | 워 | ㄹ | 의 상태나 모양으로 돌아가게 하는 것.

(2) 동물 실험을 다른 방법으로 대체해야 한다는 목소리가 높다.

* 대체해야: 다른 것으로 | ㄷ | ㅅ | 해 | 야 |.

(3) 여름철에는 체내 수분이 땀으로 많이 빠져나간다.

* 체내: 몸의 | ㅅ |.

(4) 독도를 일본에 빼앗기면 우리나라는 막대한 피해를 보게 된다.

* 막대한: 더할 수 없을 만큼 | ㅋ |.

(5) 어머니는 비타민을 꾸준히 복용하고 계신다.

* 복용: | | 을 먹는 것.

(6) 음식물 쓰레기를 아무 데나 버리면 악취가 나고 벌레가 생긴다.

* 악취: 나쁜 | ㄴ | ㅅ |.

7 -하다

'-하다'가 붙어서 만들어진 낱말을 빈칸에 알맞게 쓰세요.

(1) 도로에 차가 많지 않아 교통 흐름이 | 워 | 활 | 하 | 다 |.

  * 막힘없이 잘되어 가다.

(2) 민규는 자신의 주장에 대한 근거를 | ㅈ | ㅅ | 했 | 다 |.

  * 생각, 의견, 내용을 말이나 글로 나타냈다.

(3) 우리는 한 달에 한 번 짝을 바꾸자는 의견에 | 도 | ㅇ | 했 | 다 |.

  * 뜻을 같이했다.

(4) 배우가 되겠다는 준호의 생각은 | 다 | ㅎ | 했 | 다 |.

  * 말이나 행동이 흔들림이 없이 분명했다.

(5) 재은이는 책을 읽고 배운 점을 친구들과 | 고 | ㅇ | 했 | 다 |.

  * 여럿이 함께 가졌다.

(6) 사람들이 원숭이에게 실험용 백신을 | ㅌ | 여 | 했 | 다 |.

  * 약을 먹이거나 주사를 놓았다.

8 원고지 쓰기

교정 부호에 대한 설명을 보고, 주어진 글을 원고지에 옮겨 쓰세요.

교정 부호	쓰임	교정 부호	쓰임
∨	띄어 쓸 때	⌒	붙여 쓸 때
♂	한 글자를 바꿀 때	⌐	줄을 바꿀 때
↰	줄을 이을 때	⌣	여러 글자를 고칠 때
♂♂	글자를 뺄 때	⌣	글의 내용을 추가할 때
∽	앞뒤 순서를 바꿀 때	＝	필요 없는 내용을 지울 때

인간들은 발전 시켰다. 그만큼 또 자연을 파개했다. 우리는 아름다운 자연만을 사랑해야한다.

제 8 과 작품으로 경험하기

1 무역

무역과 관련된 낱말입니다. 빈칸에 알맞은 낱말을 쓰세요.

(1) 어린 시절, 홍라는 _____ 을 위해 어머니를 따라 일본에 갔다.

    * 나라끼리 물건을 사고파는 것. 🖐 무역

ㄱ	여

(2) 어머니는 _____ 을 이끌고 중국 전역을 다니셨다.

    * 무역을 하기 위해 만든 큰 조직.

사	다

(3) 어머니가 돌아가신 후, 홍라는 _____ 가 되었다.

    * (2)의 우두머리.

사	ㅈ

(4) 홍라는 이번 장삿길에서 _____ 을 남겨 빚을 갚고 싶었다.

    * 이익으로 남은 돈.

ㅇ	무

(5) 홍라는 상자 가득 _____ 를 싣고 고향으로 돌아왔다.

    * 은으로 만든 돈.

	ㅎ

2 길

길과 관계있는 낱말입니다. 빈칸에 알맞은 낱말을 쓰세요.

(1) '실크로드'는 중국에서 인도를 거쳐 유럽으로 이어진 ㄱ ㅇ 로 다.

* 상인이 물건을 사고팔고 바꾸기 위하여 지나다니는 길.

(2) 할아버지는 백두산을 ㅇ 로 로 다녀올 수 있기를 바라셨다.

* 땅 위에 나 있는 길.

(3) 삼촌은 ㅂ 기 로 중국을 다녀오셨다.

* 배가 다니는 길.

(4) 강과 바다가 만나는 하 ㄱ 에는 다양한 종류의 생물이 살고 있다.

* 강물이 바다로 흘러드는 곳.

(5) 근우는 파도 소리를 들으며 해 ㅇ 을 따라 산책했다.

* 바다와 땅이 맞닿은 곳.

(6) 태풍이 불어 제주도로 가는 ㅎ 고 로 가 끊겼다.

* 비행기가 날아다니는 길. 예 항로

3 낱말 뜻풀이

🐾 **빈칸에 알맞은 말을 넣어서 밑줄 친 낱말의 뜻을 풀이하세요.**

(1) 이 가방은 <u>돈피</u>로 만든 거야.

* 돈피: [ㄷ][ㅈ]의 가죽.

(2) 중국에서는 <u>서역</u>으로 비단과 도자기 등을 수출했다.

* 서역: 예전에, 중국인이 중국의 [ ][쪽] 지역을 통틀어 이르던 말.

(3) 너는 <u>기척</u>도 없이 언제 들어왔니?

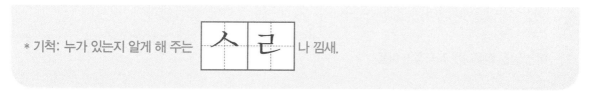

* 기척: 누가 있는지 알게 해 주는 [ㅅ][ㄹ]나 낌새.

(4) 할머니께서 나를 보고 <u>반색</u>해 주셨다.

* 반색: 매우 [ㅂ][ㄱ][워] 하는 것.

(5) 월보는 주인에게 아직 <u>품삯</u>을 받지 못했다.

* 품삯: 일을 한 대가로 받는 [ㄷ]이나 물건.

(6) 어머니께서 비단 한 <u>필</u>로 한복을 지으셨다.

* 필: 정해진 길이로 말아 놓은 [ㅊ]을 세는 말.

4 무슨 낱말일까요?

설명을 읽고, 빈칸에 알맞은 낱말을 넣어 문장을 완성하세요.

(1) 고모는 쌍둥이 자매를 [이][ㅇ] 하셨다.

* 남의 아이를 자기 자식으로 삼는 것.

(2) 아버지는 사진첩을 보시며 어린 시절을 [회][ㅅ] 하셨다.

* 지난 일을 돌이켜 생각하는 것.

(3) 연아는 메달을 따겠다는 강한 [ㅇ][ㅈ] 로 경기에 출전했다.

* 어떤 일을 이루려는 적극적인 마음.

(4) 북쪽의 찬 공기가 [ ][하] 하여 기온이 크게 떨어졌다.

* 남쪽 방면으로 내려옴. ㉥ 북상

(5) 할머니는 [치][사] 에 누워 주사를 맞으셨다.

* 누워서 잘 수 있도록 만든 가구.

(6) 태호는 선생님의 [누][초] 에도 불구하고 계속 떠들었다.

* 못마땅하거나 미워서 쏘아보는 눈길.

(7) 박물관에서  유물을 많이 보았다.

    ＊보배롭고 값지고 귀한.

(8) 계단을 단숨에 뛰어 올라왔더니 심장  이 빨라졌다.

    ＊심장이 뛰는 것.

(9) 심청이가 죽음을 택한 이유를  해 보아라.

    ＊이미 알려진 정보를 근거로 하여 다른 판단을 끌어내는 것.

(10) 아버지는 　　　채 에 있는 사랑방으로 손님을 모셨다.

    ＊안팎의 두 채로 되어 있는 집의 구조에서, 바깥쪽에 있는 집. ⑭ 안채

(11) 방학식을 앞두고 들뜬 아이들이 교실에서 수 ㅅ 을 피웠다.

    ＊마음을 혼란스럽게 하는 말이나 행동.

(12) 효주는 어떤 옷을 입어도 ㅁ ㅅ 가 난다.

    ＊모양새나 차림새가 보기 좋고 예쁜 것.

(13) 반지는 하나고, ㄱ ㄹ ㅈ 는 쌍으로 된 것이다.

    ＊멋으로 손가락에 끼는 고리. 두 개가 한 짝이다.

5 누구일까요?

설명을 읽고 빈칸에 알맞은 사람을 쓰세요.

(1) 영화, 연극을 연출하거나 운동선수들을 이끌고 지휘하는 사람.

ㄱ	ㄷ

(2) 돈을 받고 남의 일을 해 주는 사람.

이	ㄲ

(3) 옛날에 무술을 잘해서 그 일을 직업으로 하던 사람. **비** 무인

ㅁ	ㅅ

(4) 장사하는 사람.

ㅅ	이

(5) 자신을 직접 낳지 않았지만, 자식으로 삼아 길러 준 부모.

ㅇ	ㅂ	ㅁ

(6) 돈을 빌려준 사람을 얕잡아 부르는 말.

비	재	이

(7) 조선 시대, 우주 천체에 관한 일을 맡아보던 관리.

처	무	생

(8) 다른 나라와 치르는 스포츠 경기에서 나라를 대표하는 사람. 국가

6 어디일까요?

설명에 알맞은 장소를 보기에서 골라 쓰세요.

(1) 옛날에 나그네나 장사꾼이 술과 음식을 먹고 자고 가던 집.

(2) '이란'의 옛 이름.

(3) 동쪽에 있는 나라.

(4) 중국 옛 당나라의 수도. 지금은 시안(서안)이라 불린다.

(5) '신라'의 옛 이름.

(6) 고구려의 장수 대조영이 698년에 만주에 세운 나라.

(7) '도쿄(일본의 수도)'를 한자음으로 읽은 이름.

보기	서라벌	페르시아	객줏집
	동경	발해 동방	장안

7 무슨 뜻일까요?

밑줄 친 낱말의 알맞은 뜻을 찾아 번호를 쓰세요.

(1) 언제 어디서든 항상 <u>입조심</u>해야 한다. ( )

    ① 다치지 않게 입을 조심하는 일.

    ② 소문이 나거나 일이 잘못되지 않도록 입을 조심하는 일.

(2) 학교에서 집까지 뛰어왔더니 심장이 <u>고동쳤다</u>. ( )

    ① 심하게 뛰었다.

    ② 뛰지 않고 멈췄다.

(3) 아저씨는 소 세 마리를 <u>빼돌렸다</u>. ( )

    ① 빼앗겼다.

    ② 몰래 빼내어 감췄다.

(4) 상자 속에는 <u>소그드</u>의 은화가 들어 있었다. ( )

    ① 옛날 이란 사람들.

    ② 옛날 일본 사람들.

(5) 태희가 지훈이를 좋아한다는 소문이 <u>파다했다</u>. ( )

    ① 수그러들었다.

    ② 널리 퍼져 있었다.

(6) 어머니께서 침대 위에 <u>모전</u>을 깔아 놓으셨다. ( )

    ① 짐승의 털로 짠 부드러운 요(사람이 잘 때 바닥에 까는 것).

    ② 얇게 자른 대나무를 엮어서 만든 자리.

(7) 왜 그렇게 뚱한 얼굴을 하고 있니?　　　　　　　　　　　　　（　　）

　　① 못마땅해 말이 없고 시무룩한.

　　② 부어서 퉁퉁한.

(8) 붉게 물든 단풍이 온 산을 수놓았다.　　　　　　　　　　　　（　　）

　　① 빈 데가 없이 온통 뒤덮었다.

　　② 색실로 수를 놓은 것처럼 아름다운 경치를 이루었다.

(9) 낯익은 사람인데 누구인지 기억나지 않았다.　　　　　　　　（　　）

　　① 전에 보거나 만난 적이 있어서 눈에 익은.

　　② 서로 친하여 사이가 가까운.

(10) 은비는 해가 뜨는 모습을 경이롭게 바라보았다.　　　　　　（　　）

　　① 놀랍고 신기하게.

　　② 두렵고 초조하게.

(11) 동호는 덩치에 걸맞게 힘이 세다.　　　　　　　　　　　　　（　　）

　　① 서로 어울릴 만큼 비슷하게.

　　② 서로 어울리지 않게.

(12) 그는 학생들에게 엄한 선생님이다.　　　　　　　　　　　　（　　）

　　① 성격이나 행동이 철저하고 까다로운.

　　② 쌀쌀맞고 인정이 없는.

(13) 홍라는 열쇠 두 개를 가죽 끈에 꿰어 목에 걸었다.　　　　　（　　）

　　① 헝겊 조각을 대어 꿰매어.

　　② 실이나 줄을 구멍이나 틈으로 넣어서 빼어.

8 바꾸어 쓰기

밑줄 친 말을 한 낱말로 바꾸어 쓰세요.

(1) 거센 <u>바람과 물결</u>이 일어 배가 파도에 뒤덮였다.

(2) 사나운 말도 잘 길들이면 <u>매우 훌륭하여 이름이 난</u> 말이 될 수 있다.

(3) 어려운 이웃에게는 <u>남에게 베푸는 착한 마음</u>을 써야 한다.

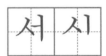

(4) 나그네는 산에서 길을 잃고 <u>길이나 공원에서 자는 잠</u>을 청했다.

(5) 그들은 <u>숨어 있어서 겉으로 드러나지 않게</u> 모여 조국의 독립을 논의했다.

(6) 이순신 장군은 <u>무기로 쓰는 크고 긴 칼</u>을 치켜들고 왜군을 향해 돌진했다.

영화를 만들어요

다음은 경험한 내용을 영화로 만드는 방법입니다. 빈칸에 알맞은 낱말을 쓰세요.

(1) ㅈ ㅈ 정하기: 자신의 경험을 떠올려 _____ 를 정한다.

＊ 예술 작품에서 작가가 나타내려고 하는 중심 내용.

(2) 자료를 ㅅ ㅈ 하고 정리하기: 사진, 그림 등을 장면의 순으로 나열한다.

＊ 취미나 연구를 위해 여러 가지 물건이나 재료를 찾아 모으는 것.

(3) ㅁ ㄱ 정하기: 사진이나 그림 등에 어울리는 내용을 간단히 기록한다.

＊ 특별한 뜻을 나타내는, 몇 낱말로 된 말. 🖤 글귀

(4) 사진이나 ㅇ ㅅ 넣기: 편집 프로그램을 활용해 사진, _____ 등을 넣는다.

＊ 텔레비전, 영화 등의 화면에 나타나는 모습.

(5) 음악과 ㅈ ㅁ 넣기: 편집 프로그램을 활용해 음악과 _____ 을 넣는다.

＊ 영화나 텔레비전에서 보는 사람이 읽을 수 있도록 화면에 비추는 글자.

(6) ㅂ ㅇ 하기: 만든 영화를 보며 부족한 부분을 _____ 해 완성한다.

＊ 부족한 것을 보충하여 완전하게 함.

십자말풀이

낱말 뜻풀이를 읽고, 괄호 안에 들어갈 낱말을 빈칸에 넣어 십자말풀이를 완성하세요.

(1)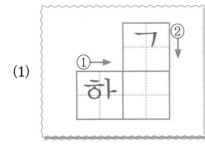

① 여러 사람이 함께 외치는 소리.

② 전체를 이룬 짜임새.

① 우리 선수가 공을 넣자 (   )이 터져 나왔다.

② 이 이야기는 (   )이 탄탄하다.

(2)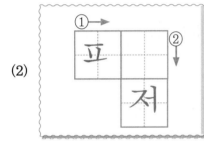

① 사각형 안과 밖에서 공으로 상대를 맞히는 놀이.

② 글이 아닌 말로 전해 내려오는 것.

① 우리 반이 (   ) 경기에서 우승을 했다.

② 전래 동화는 오랜 세월 (   )되어 전해 오는 이야기다.

(3)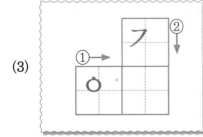

① 어떤 것을 보고 들은 뒤에 마음에 새겨진 느낌.

② 영화, 음악, 미술 같은 예술 작품을 즐기는 것.

① 이 소설에서 가장 (   ) 깊은 장면은 뭐였니?

② 배우가 꿈인 강호의 취미는 영화 (   )이다.

3차 개정판

어린이

훈민정음

정답과 해설

띄어쓰기

원고지 사용법

맞춤법 발음

어휘력은 모든 학습의 뿌리

기초 문법

6-2

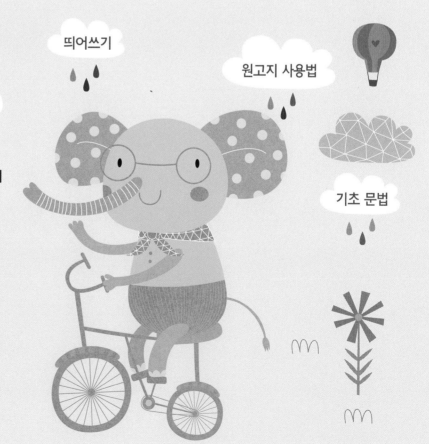

정답과 해설

본 교재는 어휘력 향상을 위해 만들었지만, 문장 하나하나도 학습에 도움이 되도록 정성을 기울였습니다. 그러므로 교재에 나오는 예시 문장을 자세히 살펴 문장 학습을 하는 데에 이용하시기 바랍니다.

본 교재는 어휘력은 물론, 맞춤법과 발음, 띄어쓰기, 기초 문법, 원고지 사용법 등의 내용을 함께 다루고 있습니다.

책을 읽고 생각을 넓혀요 7쪽

1. (1) 자유권
   (2) 평등권
   (3) 참정권
   (4) 청구권

2. (1) 분신술
   (2) 반려동물
   (3) 서평
   (4) 벼슬아치
   (5) 배기가스
   (6) 장례식
   (7) 기여
   (8) 저출산
   (9) 상해
   (10) 불경한
   (11) 시야
   (12) 개봉
   (13) 비옥

3. (1) 곡선
   (2) 걷기
   (3) 비범한
   (4) 사치
   (5) 총명해서
   (6) 급감

4. (1) 정상
   (2) 경로
   (3) 출전
   (4) 백미

5. (1) 양인
   (2) 양반
   (3) 중인
   (4) 상민
   (5) 천민

6. (1) 항성, 행성, 위성
   (2) 호조
   (3) 예조
   (4) 병조
   (5) 형조

 해설

(2) ~ (5) 조선 시대에, 나랏일을 나누어 맡아보던 관아를 가리켜 '육조'라고 합니다. 육조에는 이조, 호조, 예조, 병조, 형조, 공조가 있습니다.
  이조는 문관을 뽑거나 벼슬을 내리는 일 등을 맡아 했습니다.
  공조는 산림과 도자기를 관리하고, 건물을 짓는 일 등을 맡아 했습니다.

7.(1) 두께
   (2) 초점
   (3) 역할
   (4) 서서히
   (5) 섣불리
   (6) 대가
   (7) 아예

 해설

   (2), (6) 한자어로 된 합성어에서는, 사잇소리가 나는 일이 있더라도 원칙적으로 사이시옷을 표기하지 않습니다. 단, '곳간, 셋방, 숫자, 찻잔, 툇간, 횟수'는 한자어로 된 합성어지만 사잇소리를 표시합니다.

1 작품 속 인물과 나 15쪽

1.(1) 식품
   (2) 골동품
   (3) 모조품
   (4) 학용품
   (5) 화장품

2.(1) 재산
   (2) 힘
   (3) 오래된
   (4) 슬픔
   (5) 정신
   (6) 막대기
   (7) 생각
   (8) 행동
   (9) 손
   (10) 산
   (11) 여행
   (12) 책
   (13) 남

3.(1) 붓
   (2) 먹
   (3) 종이
   (4) 벼루
   (5) 문방사우
   (6) 연적

4.(1) 건네주었다
   (2) 며칠
   (3) 하룻밤
   (4) 끌어안고
   (5) 그런데
   (6) 뒤뜰
   (7) 어느새

5.(1) 견문
   (2) 문하생
   (3) 허투루
   (4) 호된
   (5) 성취
   (6) 질식
   (7) 매캐한
   (8) 오로지
   (9) 구정물
   (10) 탄력
   (11) 멋쩍어
   (12) 막막함
   (13) 단출해서

6.(1) ①
   (2) ②
   (3) ①
   (4) ①
   (5) ②
   (6) ①
   (7) ①
   (8) ①
   (9) ②

⑽ ②

⑾ ①

⑿ ①

⒀ ①

오답풀이입니다.
⑷ ② 불법
⑸ ① 제자
⑺ ② 소동

7.(1) 정전

(2) 미간

(3) 대가

(4) 조정

8.(1) 내가∨살던∨고향은∨꽃∨피는∨산골.

(2) 우린∨고구마밖에∨없는데∨괜찮다면∨이거라도∨내놓겠네.

(3) 우리∨집∨안방이∨온통∨불바다가∨되어∨버린∨거야.

(4) 그것이∨그때∨선영이에게∨꼭∨필요했던∨것임을∨알∨수∨있었다.

(5) 얼마∨안∨가서∨하인이∨아예∨허련에게∨일을∨미루어∨버렸다.

(6) 담비는∨윤희순이∨시키는∨대로∨동에∨번쩍∨서에∨번쩍∨쏘다녔다.

(7) 허련이∨붓을∨들어∨이번엔∨잎∨달린∨작은∨나무∨몇∨그루를∨그렸다.

9.(1) ① 예고

② 고충

(2) ① 윤택

② 윤기

(3) ① 부임

② 임원

1.(1) 표기

(2) 지표

(3) 무표정

(4) 표면

2.(1) ① 관용

② 발

③ 의견

(2) ① 습관

② 관습

(3)

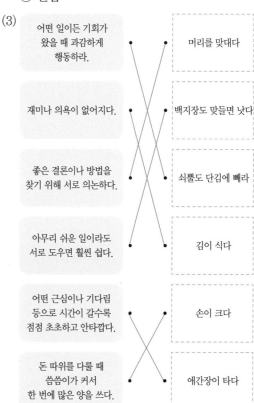

관용 표현은 둘 이상의 낱말이 오랜 시간 결합하여 사용되면서 특별한 뜻을 지닌 표현을 말합니다.
관용 표현은 한 낱말처럼 사용되며, 속담과 관용어가 여기에 포함됩니다.

3.(1) 발

(2) 열두

(3) 금

(4) 귀

(5) 간

(6) 어금니

(7) 물

 해설

관용어 풀이입니다.

(1) 발 벗고 나서다: 적극적으로 나서다.

(2) 하루에도 열두 번: 매우 빈번하게. 매우 자주.

(3) 금이 가다: 서로의 사이가 벌어지거나 틀어지다.

(4) 귀가 얇다: 남의 말을 쉽게 받아들이다.

(5) 간 떨어지다: 몹시 놀라다.

(6) 어금니를 악물다: 고통이나 분노 따위를 참으려고 이를 악물어 굳은 의지를 나타내다.

(7) 물 쓰듯 하다: 마구 헤프게(아끼지 않고 함부로) 쓰다.

4. (1) 진로

(2) 확신

(3) 조언

(4) 허약했던

(5) 대담하다

(6) 천하

(7) 추론해

(8) 민중

(9) 홍보

(10) 이삭

(11) 좌절

(12) 체질

(13) 대립

5. (1) 빛

(2) 두드러진다

(3) 꾸준히

(4) 띤다

(5) 붙들고

(6) 묶음

(7) 갖은

6. (1) 배포

(2) 말꼬리

(3) 달성

(4) 어패류

(5) 의무

(6) 온기

7.

(1)민	속	(2)악			(7)배
낯		(3)보	(4)온	(6)진	출
			(5)고	고 학	
	(8)편	지	지		
(9)이	의		(10)신	(11)기	술
물				술	
질	(12)자	유	자	재	

3 타당한 근거로 글을 써요 37쪽

1. (1) ① 상대방

② 알맞아야

(2) ㉠ 교통신호를 잘 지키자.

㉡ 그렇지 않으면 목숨을 잃거나 크게 다칠 수 있다.

㉢ 며칠 전 우리 학교 2학년 어린이가 길을 건널 때 신호를 지키지 않아 차에 치인 적이 있다.

2. (1) 인정

(2) 불매

(3) 동기

(4) 유지

3. (1) 나무

(2) 밖

(3) 병원균

(4) 품삯

(5) 임신

(6) 사람

4. (1) 작물

(2) 확산

(3) 원가

(4) 자자하다

(5) 제재소

(6) 무역

(7) 피톤치드

(8) 예끼

(9) 절감

(10) 지탱

(11) 투고

(12) 채취

(13) 백혈병

5. (1) ㉠ 노동

㉡ 대가

㉢ 지불

㉣ 자립

(2) ① 국내

④ 소비자

(3) ② 나라

③ 돈

⑤ 노동자

⑥ 사람

⑦ 자연

6. (1) ②

(2) ②

(3) ①

(4) ①

(5) ①

(6) ①

7. (1) 수입

(2) 식목

(3) 손해

(4) 하차

(5) 흉년

(6) 흡수

8. (1) 왠지

(2) 초콜릿

(3) 가르쳐, 알려

(4) 침엽수

(5) 제값

(6) 피우는

(7) 헤아릴

9. (1) ②

(2) ①

(3) ③

(4) ②

(5) ①

(6) ②

(7) ①

10. (1) ① 소란

② 논란

(2) ① 유통

② 소통

(3) ① 착취

② 채취

4 효과적으로 발표해요 49쪽

1. (1) 해독

(2) 해갈

(3) 해결

(4) 해방

2. (1) 기부

(2) 기여

(3) 비교

(4) 대조

(5) 유례

(6) 유래

(7) 개발

(8) 계발

(9) 의기양양

(10) 의기소침

(11) 문화

(12) 문맹

(13) 문명

3.(1) ①

(2) ①

(3) ②

(4) ①

(5) ①

(6) ②

해설

오답풀이입니다.
(2) ② 과잉
(4) ② 집필했다
(5) ② 간헐적으로

4.(1) 대중

(2) 인쇄

(3) 음성

(4) 영상

(5) 전자

5.(1) 중독

(2) 대피

(3) 자막

(4) 수어

(5) 식수

(6) 사부작사부작

(7) 내전

(8) 함유

(9) 난민

(10) 발암

(11) 기아

(12) 비정부 기구

(13) 폐허

6.(1) 후원

(2) 대기

(3) 구호

(4) 서식

7.(1) 오해

(2) 공급

(3) 항구

(4) 탄압

(5) 점거

(6) 채택

8.(1) 공공

(2) 공중

(3) 공익

(4) 자부심

(5) 자만심

(6) 자존심

9.(1) 기둥

(2) 땅속

(3) 사망자

(4) 육지

(5) 물

(6) 온대

10.(1) [착짭]

(2) [학꾜]

(3) [밥쌍]

(4) [군견찔]

(5) [뵙꼬], [벱꼬]

(6) [숙쩨]

(7) [곧짤]

해설

⑷ ㅅ은 받침으로 쓰일 때 [ㄷ]으로 소리 납니다.

11. (1) 금세
(2) 촬영
(3) 보완하여
(4) 사례
(5) 캠페인
(6) 어패류
(7) 재배할

12. (1) ① 율동
② 동참
(2) ① 편견
② 편집
(3) ① 도해
② 도표

연극을 즐겨요 63쪽

1. (1) 배역, 구성원
(2) 극본
(3) 소품
(4) 점검
(5) 등장인물

2. (1) 대사
(2) 지문
(3) 해설
(4) 연출
(5) 제작진
(6) 효과음

3. (1) 용왕
(2) 연기자
(3) 이장
(4) 기자
(5) 경찰서장
(6) 또래

4. (1) 전개될지
(2) 엉거주춤
(3) 조명
(4) 악몽
(5) 유명세
(6) 등장, 퇴장
(7) 돌진
(8) 귀청
(9) 배신
(10) 뜸
(11) 보장
(12) 분장
(13) 몰입할

5. (1) 채
(2) 째
(3) 헤진
(4) 해진
(5) 새웠다
(6) 세웠다

6. (1) 주부
(2) 소식
(3) 상의
(4) 비단

7. (1) ②
(2) ①
(3) ①
(4) ②
(5) ①

(6) ②

해 설

오답풀이입니다.

(1) ① 시끌벅적한
(4) ① 난폭해지자
(5) ② 명령하지

8. (1) 재봉틀
(2) 구유
(3) 우리
(4) 닭장
(5) 물레
(6) 밀짚모자

5 글에 담긴 생각과 비교해요 72쪽

1. (1) 현행법
(2) 법인
(3) 입법
(4) 제정
(5) 소송
(6) 기각
(7) 처벌

2. (1) ① 일류
② 삼류
(2) ① 여행기
② 일대기
(3) ① 무력
② 경제력
③ 물질력
④ 설득력

3. (1) 주연
(2) 선비
(3) 처자

(4) 동포
(5) 마부
(6) 대신
(7) 왜적
(8) 관원
(9) 자연인
(10) 실직자
(11) 실학자
(12) 나리
(13) 장상
(14) 오랑캐
(15) 익사자

해 설

(2) '선비'는 주로 '학식은 있으나 벼슬을 하지 않는 사람'의 뜻으로 쓰입니다. 하지만 교과서에서는 '학식이 있고 행동과 예절이 바르며 의리와 원칙을 지키고 관직과 재물을 탐내지 않는 고결한 인품을 지닌 사람'의 뜻으로 쓰였기에 본 교재에서도 교과서에 담긴 뜻으로 문제를 출제하였습니다.

4. (1) 만리장성
(2) 궁실
(3) 아방궁
(4) 누각
(5) 사찰
(6) 부두

5. (1) 양식
(2) 성인
(3) 실례
(4) 이상

6. (1) 홍익인간
(2) 사행길
(3) 화기
(4) 보복
(5) 개인주의자
(6) 오곡백과

(7) 세금

(8) 특허

(9) 호강

(10) 진창

(11) 꽁무니

(12) 아양

(13) 삼태기

7. (1) 사뭇

(2) 선뜻

(3) 혹여

(4) 굳이

(5) 대개

(6) 제법

8. (1) 풍족했다

(2) 증오

(3) 학도

(4) 고국

(5) 세계관

(6) 응석

9. (1) 국조

(2) 자비

(3) 투쟁했다

(4) 종사하고

(5) 지급했다

(6) 소탕하셨다

10. (1) 원인

(2) 준비하였다

(3) 숲

(4) 빨리

(5) 시장

(6) 반대

11. (1) ①

(2) ②

(3) ②

(4) ①

(5) ①

(6) ②

해설

오답풀이입니다.
(2) ① 애처로웠다
(4) ② 불편하면
(6) ① 역지사지해

12.

			(1)부	여	(9)인
		(2)사	모	(8)토	의
	(3)용	상		론	
(4)산	모	(7)사	회	자	
중	(6)조	명		(10)증	
호	약		(11)해	명	
(5)걸	림	돌	(12)모	방	

6 정보와 표현 판단하기   86쪽

1. (1) 인상

(2) 의도

(3) 공익

(4) 과장

(5) 허위

2. (1) 기후

(2) 온난화

(3) 섭씨

(4) 온실가스

(5) 수은주

(6) 예보

(3) 스웨덴의 셀시우스가 처음 발표한 온도 단위입니다. '셀시우스'를 중국식으로 나타내면 '섭이사'인데, '섭씨'는 여기서 유래했습니다.

독일의 파렌하이트가 고안한 '화씨'는, 파렌하이트의 중국식 표기 '화륜해'에서 유래했습니다.

② 타당성
③ 내구성
④ 심각성

3. (1) 선언
(2) 체결했다
(3) 억제
(4) 감축
(5) 선사했다
(6) 개발 도상국
(7) 산호
(8) 가공
(9) 형광
⑽ 확산
⑾ 기부금
⑿ 유도하고
⒀ 촉매제

4. (1) 비판적
(2) 보편적
(3) 독보적
(4) 이타적
(5) 일상적

5. (1) 감염
(2) 세균
(3) 장염
(4) 체력
(5) 식중독
(6) 신바람

6. (1) ① 예비군
② 구세군
(2) ① 선진국
② 당사국
(3) ① 적절성

7. (1) 회의
(2) 취재
(3) 원고
(4) 편집
(5) 보도

8. (1) 진화
(2) 모호하다
(3) 손실
(4) 협약
(5) 무료하게
(6) 수시로

9. (1) 기계화
(2) 돈
(3) 자유롭게
(4) 가벼운
(5) 성금
(6) 운동

10. (1) 축제
(2) 운동
(3) 종류
(4) 탑
(5) 컴퓨터
(6) 점수

11. (1) 핼러윈
(2) 퍼센트
(3) 앱
(4) 디지털
(5) 웬만한
(6) 안팎
(7) 등하굣길

1. (1) 신약
   (2) 제약
   (3) 환약
   (4) 의약품
   (5) 구급약
   (6) 상비약

2. (1) ① 문장
      ② 문단
   (2) ① 인류
      ② 인명
   (3) ① 격언
      ② 조언
   (4) ① 은어
      ② 비속어

3. (1) 위염
   (2) 위산
   (3) 빈혈
   (4) 홍역
   (5) 경련
   (6) 발작
   (7) 결핵
   (8) 두통
   (9) 증후군
   (10) 호흡기
   (11) 부작용
   (12) 위궤양
   (13) 소아마비
   (14) 백신
   (15) 풍진

4. (1) ① 주무신다
      ② 잡수신다
   (2) ① 심을 것이다
      ② 심었다
      ③ 심는다

(3) ① 잡아먹혔다
   ② 빼앗겼다
(4) ① 온다면
   ② 작지만
   ③ 훔쳤다고

해 설

(1) ② '드신다'도 높임법에 맞는 낱말이지만 글자수를 맞추어야 하기 때문에 '잡수신다'만 정답으로 인정합니다.
(2) ① 의지를 나타내는 '심겠다'도 미래의 시제 호응에 맞습니다.

5. (1) 영양소
   (2) 치명적
   (3) 중화
   (4) 열량
   (5) 하수
   (6) 유통
   (7) 단정적
   (8) 문화유산
   (9) 세금
   (10) 필수
   (11) 투쟁
   (12) 콘트리트
   (13) 소모된다

6. (1) 원래
   (2) 대신해야
   (3) 속
   (4) 큰
   (5) 약
   (6) 냄새

7. (1) 원활하다
   (2) 제시했다
   (3) 동의했다
   (4) 단호했다
   (5) 공유했다
   (6) 투여했다

8.

/	사	람	들	은		문	명	을	
발	전	시	켰	다	.		또		그 만
큼		자	연	을		파	괴	했	다.
	우	리	는		자	연	을		사
랑	해	야		한	다	.			

8 작품으로 경험하기　　109쪽

1. (1) 교역
   (2) 상단
   (3) 상주
   (4) 이문
   (5) 은화

2. (1) 교역로
   (2) 육로
   (3) 뱃길
   (4) 하구
   (5) 해안
   (6) 항공로

3. (1) 돼지
   (2) 서쪽
   (3) 소리
   (4) 반가워
   (5) 돈
   (6) 천

4. (1) 입양
   (2) 회상
   (3) 의지
   (4) 남하
   (5) 침상
   (6) 눈총
   (7) 진귀한

   (8) 박동
   (9) 추론
   ⑩ 바깥채
   ⑪ 수선
   ⑫ 맵시
   ⑬ 가락지

5. (1) 감독
   (2) 일꾼
   (3) 무사
   (4) 상인
   (5) 양부모
   (6) 빚쟁이
   (7) 천문생
   (8) 국가 대표

6. (1) 객줏집
   (2) 페르시아
   (3) 동방
   (4) 장안
   (5) 서라벌
   (6) 발해
   (7) 동경

해설

(2) 페르시아는 기원전 559년에 현재의 이란 땅에 있었던 나라입니다.
(3) 동방은, 동방(東方, 동쪽 지방)의 뜻으로도 쓰이지만, 여기서는 동방(東邦, 동쪽에 있는 나라)의 뜻으로 쓰였습니다.

7. (1) ②
   (2) ①
   (3) ②
   (4) ①
   (5) ②
   (6) ①
   (7) ①
   (8) ②

(9) ①

(10) ①

(11) ①

(12) ①

(13) ②

해설

오답풀이입니다.

(2) ② 멎었다

(6) ② 대자리

(9) ② 친근한

(12) ② 냉정한

(13) ① 기워

8. (1) 풍랑

(2) 명마

(3) 선심

(4) 노숙

(5) 은밀히

(6) 검

9. (1) 주제

(2) 수집

(3) 문구

(4) 영상

(5) 자막

(6) 보완

10. (1) ① 함성

② 구성

(2) ① 피구

② 구전

(3) ① 인상

② 감상

MEMO

....

....

....

....

....

....

....

....

....

....

....

....

....

시서례 초등 학습서

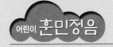 어린이 훈민정음

- 교과서 중심의 **어휘력** 교재.
- 다양한 형식의 문제를 풀면서 쉽고 재미있게
  어휘력을 키울 수 있습니다.
  학년별2권 총12권

 초등국어 독해력 비타민

- 다양한 장르와 소재에 적응하게 해주는 **독해력** 교재.
- 동화, 설명문, 논설문, 시, 기사문 등 여러 형식과 문학, 과학,
  역사, 사회, 철학 등 다양한 내용의 예문으로
  폭넓은 독해력을 갖게 해줍니다.
  단계별1권 총6권

나의생각
글쓰기 나의 생각 글쓰기

- 기초 문장력부터 바로잡아 주는 갈래별 **글쓰기** 교재.
- 일기, 생활문, 독후감, 논설문, 설명문 등을 학년에 맞게
  구성하였습니다.
  학년별2권 총12권